我 走 了 很 遠 的 路
才 來 到 你 的 面 前

生活可以廉價
但夢想不可以

準確地說，我跟小馬哥只見過兩次面，是因為我的兩本書，他給我做了兩期關於我的書的節目。小馬哥的節目在晚上，每次都是老公開車帶著恰好懷孕的我，把車停到央廣對面的馬路上，經過各層戒備森嚴的安保，等著小馬哥下樓來接我。

每一次，我做完節目出來，整個大樓裡幾乎已經沒人了，只有小馬哥一個人，還在整理資料，還在準備明天的內容。每次我都出來跟老公說：「做晚上的廣播節目，好辛苦的。」

我是個很愛聽廣播的人，從很小的時候開始，晚上早早躺在被窩裡，手裡拿一個收音機，開著小小的聲音，聽到睡著。我特別喜歡聽閱讀類的節目，我依稀記得每個午夜的晚上，輕柔的音樂，讀書的聲音，伴我入夢。可如今才知道，每一個我睡著之後的時光裡，他們都是夜幕裡孤獨回家的人。

小馬哥看上去就是個很有故事的人，沒多聊過什麼，但就是一種感覺。讀完他的這本書，每一章節都讓我震撼。我從沒有想過，他的故事會如此跌宕起伏，而且充滿了時代感。我也無法想像，一個初中都沒讀完的人，做了十年汽車修理工的人，需要用多大的努力和勇氣，才能進入央廣的大門，成為每一個午夜陪伴我們的人。

我是個寫勵志書出身的人，我也曾寫下我的很多過往經歷，但與

小馬哥相比，不值一提。

　　小馬哥說，他經常會路過他曾經住過的北四環小營世紀村社區地下室，屋子散發著潮濕的黴味，房間很小，大概只能放下三張單人床和一個小桌子。半夜有人走過大聲吵鬧的聲音，不遠處的公共衛生間沖水的聲音，舍友們熟睡中發出的打鼾的聲音，這些都清晰入耳。

　　看到這一段，我便想起了自己剛畢業住過的六平方米的房間，三家公用的衛浴和廚房，現在想來，髒得都不知道如何下腳，但當年卻住得安心。

　　在這偌大的城市裡，有自己一張能安心睡覺的床，已經很不容易，誰還會在乎別的呢？只是在未來某一天，自己回想起來的時候，有點心酸，但也有一種踏踏實實的安慰感。我們每個人，都從那樣的日子裡走來，每個人都有自己數不清的卑微的日子，但卻閃著光透著亮，照亮每個人的心尖。

　　我記得我大二有一次來北京上課，課程晚上十點結束，每天坐公交車回租的房子裡。那麼晚了，公車上還人滿為患。大家都擠在車廂電視前，看《幸運52》，來度過漫長的公車時間。那個時候我就在想，這是怎樣一座城市呢？每個人的眼睛裡，都有一團火，照著他們的內心的夢。

讀小馬哥的故事時，我彷彿能看到，他寫下的每一個字，都那麼實在，實在到字裡行間都彷彿用盡了所有的努力，為了他心中的那團火和那個夢。這些年來，我看過不少勵志書籍，但唯獨這一本，讓我有這樣的感覺。

　　小馬哥並沒有多高的起點，也沒有顯赫的家境，但他的努力，卻是那麼的真實可感。我甚至都捨不得讀完這本書，因為每段話都會勾起我對自己過往故事的回憶。那些埋藏在內心深處的奮鬥故事，想起來會有些興奮，自己曾經那麼那麼努力，像一隻興奮的麋鹿，對這個世界到處張望。

　　讀這本書的時候啊，我一直在想一個問題：小馬哥到底有沒有女朋友呢？我一直沒問過，也忘了問，這麼努力這麼好這麼實在的一個人，午夜回家會有一盞等著他的燈嗎？甚至一邊讀還一邊想，我周圍有沒有合適的女生介紹給他？

　　讀到後來我發現，他已經結婚了，有了一個每天晚上等他回家的人。

　　真好，真的。小馬哥，你值得擁有現在幸福的一切。

作家　一直特立獨行的貓

二〇一八年一月三十日午夜一點於北京家中

給小馬哥的序

有一個女孩，和媽媽吵架，離家出走。

餓了三天，站在一家麵館前流口水。

麵館老闆是個好心的女人，給女孩吃了碗麵，女孩感動得熱淚盈眶，說了自己離家出走的原因，還說，阿姨，以後您就是我的媽媽了。

她以為女人會很感動，但女人說，孩子，我給你吃了一碗麵，你就認我當媽媽，你媽媽在你的一生裡，給你吃了多少碗麵呢？

說完，女人站了起來，女孩如夢方醒，哭著回家了。

我想，那個陌生人，給了女孩子一輩子難以忘記的感動。

小馬哥就是這麼一個「陌生人」，一個大眾的「陌生人」。

二十六歲，他一個人從新疆來到北京，本來專業和播音主持沒有任何關係，卻進了央廣當了主持人，這一當，就到了今天。無數次，他的聲音，都從那個電臺，穿越到了更遠的地方，成為大家耳熟能詳的陌生人。

他的節目叫《品味書香》，每次我出了新書，都會去他那裡做客。

我很喜歡他的聲音，尤其是在晚上，每當他的聲音從車裡傳來，從收音機裡飄過時，你總會覺得，自己在大城市裡沒有那麼孤單。

我曾問過他，為什麼要一直做這個節目。

他說，因為這個節目能給人帶來溫暖，我在北京時，就是因為這

樣簡單的溫暖，才堅持了下來。

　　第三次做客他的節目，已經是我的第三本書剛剛誕生之時。節目間隙的廣告時間。

　　他說：「尚龍，這三年你的變化真大，已經從一個青澀的少年變成了一個中年。」

　　我說：「是的，而且還油膩了。」

　　他說：「你覺得我的節目有什麼變化？」

　　我說：「好像廣告少了點。」

　　他也笑了，說：「真的嗎？我還以為你會說沒變化呢。」

　　仔細想想，的確，沒什麼變化，三年了，他永遠在電臺的另一端，默默地讀著暖心的文字，給遠方素未謀面的人，雖然形式不一，但永遠是那種感覺。於是，我說：「還真是，沒什麼變化。」

　　他說，他想一直把這個節目做下去，哪怕他並不知道電臺那邊是誰，從小馬，到大馬，到以後的老馬，他說，他都在。

　　我記得這句話，這句來自大眾「陌生人」的話。

　　錄完那期節目後，我和他在電臺門口簡單寒暄了兩句，然後匆匆離去。畢竟，北京這座城市，永遠披著忙碌的外衣，透著孤單的靈魂。

作家　李尚龍

CONTENTS

CHAPTER 01 ╱
你吃的苦，終將照亮你未來的路

CHAPTER02 ╱
生活，從來不會虧欠每一個努力的人

CHAPTER 03 /
全力奔跑，你才能和生命中最美的際遇相逢

CHAPTER 04 /
如果，你生來沒有羽翼

CHAPTER 01 /

你吃的苦，
終將照亮你未來的路

我們每個人，都可以化夢為骨，帶著夢想鑄就一身肝膽，勇敢地走進自己的夢想。

哪有什麼順風順水，
還不是和命運死磕

　　有那麼幾年，曾經的同學或工友來北京出差、旅遊，我所在的中央人民廣播電臺成了他們必到的地方，彷彿這邊也成了一個旅遊景點。他們在參觀完我的工作環境，尤其是看完傳說中的直播室後，總會說一句：「原來，你真的在『中央台』做播音員，而不是修車啊。」

　　我啞然失笑，在故鄉做汽修人員十年，修車是我賴以生存的技能。在他們的眼中，我即使離開了那個汽修廠，想要養活自己，還得靠這項技能。而且，在他們的意識中，能進中央人民廣播電臺工作，尤其是做播音員，不是高官後代，沒有耀人眼目的學歷，那是不可能的。他們和我是同學，知道我的起點，父母早亡，中學未畢業就開始修車，和他們一樣在戈壁大漠度過自己的青春年華。即使是在我工作的汽修廠的廣播站，我也沒能做成廣播員，怎麼我離開故鄉三年多，就進了國家電臺工作？

　　所以每一次，他們問起這個話題，我都不知怎麼回答，就只好說：「我只是走運而已。」

◇

　　只有我知道，人生，哪有那麼多的好運氣。

　　是的，我起點低，初三只上了不到一學期就輟學了，至今也沒有一張中學畢業證書。所以在故鄉，我只能做最辛苦的工作。而廣播站的播音員，不是官員子弟，就是相關專業的人才，與我是毫無關係的。

幸好，在故鄉修車的那十年中，我遇到了廣播和書籍。它們，打開了我通往外面世界的視窗，也支撐著我脫下沾滿油污的工作服，走出那片我曾流汗流淚的土地，來到首都北京，追尋那一直縈繞心頭的夢想。

當然，尋夢的路是崎嶇的，初來北京沒幾天，我就感到了諸多不適應。住宿的問題，是一個同鄉幫忙聯繫了學校負責管理宿舍的老師。也還幸運，恰巧正值暑假，宿舍空餘的床位較多，我便很順利地住進了學校。

那間宿舍裡有四個同學，儘管已經放假，但他們都沒有回家，整天在宿舍裡打牌聊天，逍遙自由得不得了。而我這樣一個外人突然闖進來，打破了他們的平衡，他們很不習慣，於是通宵玩鬧、喝酒，意圖通過這種方式攆我走。後來某個晚上，實在受不了他們的吵鬧，又不好意思開口請他們安靜下來，我就在操場待了整整一夜。

那年我二十六歲，他們都比我小，又都是富家子弟，我這個貧寒的大齡青年在他們看來根本就不是一路人。我很清楚，他們在宿舍裡整夜打牌喝酒狂歡到深夜的目的。如果在以前，我可能會跟他們理論幾句，但是當時身上的錢很有限，外面的旅館絕對是住不起的，也只有這收費低的學校宿舍我能住得起。所以，我必須要讓他們接納我。於是從那天起，起床後，我就主動收拾宿舍，打好開水。午飯時，他們還沒有起床，就幫他們打好飯，晚上他們玩他們的、我睡我的，居

然也就順利入睡了。

幾天下來，我們熟悉了，他們也就不好意思再這樣對我了。

不過，這還只是一個小小的插曲。生活，逐漸向我展示了它殘酷的一面。

◇

從新疆出來，我身上只有三萬多塊錢，隨著繳完學費，加上一些其他生活費的支出，錢愈來愈少。課餘時間，為了賺錢貼補生活，我會做點配音和解說的工作。

有一個冬夜，央視的一檔節目叫我去試音。晚上八點前到，七點半，我就到了約好的答錄機房。當時，我口袋裡只剩下十塊錢，之前一檔節目的配音費用大概還有一星期才能拿到。我想，如果今晚試音順利通過的話，懇請一下節目組的老師，看能不能先支一百塊錢，這樣，我就能熬過這一星期。

沒想到，那天錄音很不順利，機房一直到晚上十一點才輪到我。五分鐘的片子，我反反覆覆錄了將近半小時才完成。

從皂君廟的機房到傳媒大學的末班公車是晚上十二點。如果十二點前告訴我是否通過，即使不給我提前支取工資，讓我能趕上末班車就行，這樣，十塊錢也足夠當我回學校的車費了。可時間一點點過去，我焦急地等待著結果，一個多小時後，他們才告訴我沒有通過，而那

尋夢的路是崎嶇的，初來北京沒幾天，我就感到了諸多不適應

時已經是凌晨一點半。摸著口袋裡那張孤獨的十塊錢，我囁嚅著懇請節目組的那位老師，讓我能在門口的沙發上挨過一晚，因為我實在沒有錢打車回學校了。那位年輕的老師看了看我，勉強答應了下來，叮囑我天一亮就得趕緊離開。

那一夜，失落和懷疑讓我無法入睡。

播音是我一直以來所喜歡的，為了它，我丟了鐵飯碗，遠離親人朋友，背井離鄉，千里迢迢來到北京學習。可是，我居然連一個節目組的配音要求都達不到，那將來，我還能依靠這個生活嗎？

那個冬夜，我蜷縮在答錄機房裡的沙發上，孤獨落寞，直到天色漸明。

◊

很多年之後，每當我路過北京皂君廟的那家機房，總會想起當年的那一幕。我真想走到那個在暗夜裡傷懷疲憊的年輕人身邊，陪他坐下來，告訴他這點小挫折不算什麼，誰的嫻熟技能不是從失敗中一點點積累起來的呢？在錯誤中總結經驗，然後經過千百次的錘煉，你總會愈來愈精進，愈來愈成熟的。沒關係，堅持著走過去，你總會迎來明媚的陽光。

這些年，每次當我失去鬥志的時候，我都會回到我在女子學院讀書時住過的那個地下室看看。

北京，北四環小營世紀村社區，我曾住在這個聽上去很氣派的社區裡一個由防空洞改裝而成的地下出租房。順著樓梯往下走。樓梯很狹窄，下面卻是別有洞天。

第一次進去，那條一眼望不到頭的長走廊深深地震撼了我，恐怖片也不過如此吧。走廊兩邊是密密麻麻的木門，木門上頭便是一個巴掌大的排氣口。每個門上邊都有一個號碼，大概是房東為了方便管理。走廊盡頭的那間房，就是我和當時的同學一起租住的地方。因為是地下室，所以屋子散發著潮濕的黴味。房間很小，大概只能放下三張單人床和一個小桌子。唯一讓我覺得給房間增加了幾分色彩的，是桌子角落裡堆得高高的一疊書。

這裡房間與房間之間的牆就是很薄的一塊板，沒有絲毫隔音的效果。半夜有人走過大聲吵鬧的聲音、不遠處的公共衛生間沖水的聲音、舍友們熟睡中發出的打鼾的聲音，這些都清晰入耳。

◇

然而，當生活將隱藏的傷口赤裸裸地撕裂給我們看時，我們除了接受，能做什麼？

生活可以廉價，但夢想不可以。

正是在這樣的環境裡，我愈發懂得，夢想，唯有你努力爭取，才會有曙光乍現；只有你堅持不懈，它才會向你露出笑臉。

其實，這世界，哪有什麼順風順水；生活裡，哪有什麼一步登天的快捷方式，遠方的目的地都是一步一個腳印踩過去的。

這其中，你會走過泥濘，面對困難，經歷磨難，每一件事情都有可能打敗你，然後讓你投降放棄。但是跨過去，戰勝它們，這才會讓你成長。

人生就是這樣不斷地輪迴。

也只有死磕到底，你最終才會獲得你想要的東西。

生活可以廉價，但夢想不可以

別讓血涼下來，
別輕言放棄

那一年，我穿梭在六檔節目之間，所有的目的地，似乎只有一個，那就是直播間；所有的空閒，似乎只有一種狀態，那就是趕稿子、聯繫嘉賓做採訪。

二環的房子，沉重的房貸，壓得我喘不過氣來。

就在這時，我接到了大姐的一通電話。她已經從西安趕到了新疆庫車的醫院裡。她說，二姐病了。聽電話的那一刻，我整個人都是懵的，不知道自己是在夢裡還是在現實裡。

父母早亡，我是大姐和二姐拉扯大的孩子。對她們的感情，強於對父母之愛。

當我終於回到新疆，走進醫院時，大姐已經比之前瘦了一大圈，似乎被風一吹，整個人就會倒下。見我到來，大姐似乎心願已了，終於蜷在躺椅裡，睡著了。我無法想像，之前那麼多個日夜，她是如何扛過來的。每晚窩在這躺椅裡，也只是閉閉眼，她都不敢讓自己真正入睡。

這是父母去世之後，我經歷的又一次巨大痛苦。

在生死之間，陪伴二姐走過生命的最後一程，成了我在這個世上最為重要的事情。

身上插滿管子的二姐，已經深度昏迷。醫生說，她可能撐不過下個月，各種併發症和器官衰竭隨時可能發生，即便是勉強撐過去，也是植物人了。

　　哀莫大于心死，醫生的話和大姐絕望的目光，全都落在了我的心上。那一刻，我的心惶恐得不知所措，曾經所有的努力，彷彿都是無能為力。

　　走向二姐的床邊時，我的心底湧現出無數個缺口，數不清的悲傷撲面而來，灌入我的身體，比刀扎還疼痛，比堅冰還寒冷。我抓起二姐的手，在她耳邊說了很多從未對她說過的話。真的是已經來不及了，但是我卻想要對她說：「姐姐，我愛你。」

　　我知道她聽不見，但我還是要說；她已經沒有意識了，但我仍要說給她聽；我知道她不會睜開眼睛，但我仍舊要盯著她的眼睛看。

　　我的心疼得無法自已！

　　那一個月裡，情緒就像傷口，在我心裡不斷地潰爛，憂傷成河。

　　人世間的所有功名利祿、喜怒哀樂，在生死面前，顯得那樣渺小，那樣微不足道。我願用我的一切去交換二姐的生命，只要有可能。然而，所有的可能，只有一種可能，那就是眼睜睜地看著心愛的二姐，離去。

　　一個月後，二姐病逝。她走時，已經瘦成一個小團。我把她抱在懷裡，就像她小時候抱著我一樣。

　　多麼希望時間可以逆流而上，回到我們曾經相依為命的日子。那時，每天太陽照常升起，空氣中瀰漫著歡樂；那時，廚房裡永遠飄來飯香，吃完早飯，你幫我把書包背上。

你，永在，我身旁。

◇

那段時間，我的情緒低落，內心的傷口一直在潰爛，無法結痂，無法癒合。直到，我認識了慶安。

我是在一次活動中認識慶安的，晚宴時，我正好與他坐在一起，當我們向彼此介紹自己時，慶安的身分一下子激起我的好奇心，他是一名法醫，每天要面對的，是殘破的肢體、驚悚的屍身。當他提及「恥骨聯合」、「屍體解剖」時，我不免會感到胃部不適。

於是我問他：「你為什麼選擇這個職業？」

他回答：「我要替死去的人說話。」

我一臉疑惑，抬眼看了看前這個和我年紀相仿的男人。他微笑著，又一次說：「我要替死去的人說話。」

後來我才知道，慶安的父母，在他高考前不久，因煤氣中毒雙雙去世了，而那一晚，他正巧在爺爺奶奶家。提及此事，慶安說：「後來員警認定死亡原因是煤氣中毒，沒有再調查，但我知道是誰幹的。」

「我找了好多地方，沒人相信我的話，後來我沒考上大學，就決定自殺。是爺爺發現了我，把我從繩子上救了下來。我在醫院裡躺了三天，在那三天裡我暫時性失明了，眼前只有白茫茫一片。沒過一年，爺爺奶奶因病相繼去世，我就決定去上醫專的法醫專業，我想知道這一

切都是為什麼，我要替死去的人說話。」說這些話的時候，他一臉平靜，彷彿在講述別人的故事，然而他的話卻攪動了我沉寂了許久的心湖。

我問他：「那個你懷疑的人呢，他後來怎麼樣了？」

慶安說：「他在一次車禍中死了，自始至終，我也沒能找到證據，證明是他在我們家煤氣上做了手腳，而且，那時候的科技水準還沒有現在這麼發達，很多推斷無法得到證實。」

我問他：「人生最痛苦、最灰暗、最悲傷的時候，你是怎麼扛過去的？」

他說：「死的人已經死了，活著的人還得活著，死的人肯定不想看到你尋死，都會希望你好好活著，因為他們愛你，就算是死了，也還是愛著你。」半晌的靜寂之後，他接著說：「所以，扛不過去也要扛，生活本來就是沒得商量、不講道理的。」

無所謂堅持，無所謂成敗，甚至，無所謂生死，挺住，意味著一切。

◊

很長一段時間，我都在思考一個問題：「生活的本質是悲傷的嗎？」

我想了很久很久，才有勇氣給出回答：「恐怕是的。」

那麼，然後呢？

然後，就是左手持劍，右手有光，燃燒傷口，扛過一切悲傷。

哪怕你深愛的親人游走在生死邊緣，正躺在病床上，隨時可能永

無所謂堅持，無所謂成敗，甚至，無所謂生死，挺住，意味著一切。

遠地閉上眼睛；哪怕你在忙亂的工作中不得抽身，每晚在書桌前忙得喘不過氣；哪怕你的車子被人撬了、被人偷了；哪怕在你最窘迫的時候，錢包還不翼而飛，身分證、銀行卡統統都在裡面……你，也還是不能倒下。

人生就是一個緩慢受錘鍊的過程，我們一天天老去，哪怕在歲月的荊棘裡遍體鱗傷，哪怕曾經的熱血漸漸冷卻。然而，舔完傷口，我們只能自己站起來，你不站起來，沒人會拉你起來，不必苛責世界的不公。世界不是惡意的，也不是善意的，世界是無意的。不管是朝霞還是夕陽，都是美妙的，也都是悲涼的。

朋友會分離、愛人會走散、親人會離開，這些讓人不願直接面對的真相，始終會客觀地存在著。既然是客觀存在，那麼我們唯一能做的，就是認清它，然後，走過去。勇往直前也罷，步履蹣跚也罷，總要走過去。

所有的悲傷，都和年齡無關；所有的境遇，都無可預測。不管何時何地，只要它劈頭蓋臉地傾瀉下來，你都必須「接盤」。

時間永不會逆流，太陽仍一天天從東方升起，落向西方；火車永不回頭，廚房裡再沒有童年的飯香。

你，永不在我身邊。

然而，我卻不能讓血涼下去，不能。

即便有一天，一身贅肉，傷病纏身。只要還活著，我們就不能言

說放棄，哪怕努力到無能為力，拚搏到感動自己；即便無比寂寞，也要努力拚命地奔跑。

　　所謂的成功，只是一個結果，它也許水到渠成，也許永無來日。比起生死，這些都不重要。重要的是，永遠不要讓血冷下去！永遠不輕言放棄！

勇往直前也罷，步履蹣跚也罷，總要走過去。

還好，
迷茫中我沒有放棄

最近，收到一份聽眾朋友的留言，留言中她問我：她選擇了安逸的工作環境，嫁為人婦，現在也有了孩子，卻突然覺得自己失去了對生活的熱情，失去了追尋夢想的動力，是不是自己的一生就註定這樣度過了？

我想，既然她有勇氣說出自己的這份困惑，就意味著她心底裡還珍藏著對自己的承諾，還念念不忘著自己未完成的心願。我相信，她需要的是一份鞭策，一個契機，還有，一些來自同樣心懷夢想的陌生人的故事。

那年離開故鄉的時候，我被問到最多次的一個問題就是：去北京，你能幹什麼呢？

當時的我，並不能清晰地說出這個問題的答案。然而，在我心底卻始終有著一個廣播夢。它，一直執著地附在我的心底，與我骨血相揉，不可分離。在無數個繁星低垂的夜色裡，我都會將它拿出來在心底慢慢勾勒出一個美夢。

一天的工作結束之後，我會打開小小的收音機，跟隨著它，我獲取知識，也開啟想像。在那些或柔美純淨，或低沉渾厚聲音的牽引下，我年輕的心開始恣意飛揚。

只是，對當時的我來說，那終究只是一個夢而已。

還好的是，我沒有放棄。

雖然，我不知道離開故鄉尋夢的過程，我將要面對的一切是什麼，

凶險與否都是未知。但是，我知道若要改變命運，我就要執著地去努力爭取一切，哪怕從頭再來。

誠如我的最初揣測，我的尋夢之路，一路顛沛，一路流離。然而，在北京這座城，又有幾人不是這樣走過。他們中，有太多的人和我一樣，來自外地，懷揣夢想，每日步履匆匆地穿梭於這個城市冷峻而高大的樓宇之間。也會為了一個項目，或者 N 個專案，廢寢忘食，不過卻甘之如飴。

我曾問過一個朋友：「倘若不曾來北京，你的生活將會如何繼續？」

她想了想說：「那肯定是做著那份外表光鮮，而實則無趣的國企工作，幾年之後，無疑就是嫁為人婦，相夫教子，在那個我長大的小城鎮裡，了此殘生。」

我說：「這樣的生活不正是很多人所希望的嗎？安穩舒適。」

她說：「是啊，最初也覺得這樣沒什麼不好，至少很穩定，也很誘人，誘人得難以抗拒，就像是嚴寒冬雪季節裡，週末早上的熱被窩，真想一直在裡面舒舒服服地沉淪下去。然而，時日久了，人就會生厭，當這樣的安逸成了常態，就會覺得太無趣，就會渴望尋求改變，並且這種渴望會變得愈來愈強烈，逃離就成了必然的結果。」

若要改變命運，我就要執著地去努力爭取一切，哪怕從頭再來。

◇

還有一位年輕的朋友，出身於演藝世家，父親是著名導演，母親是電影剪輯師，一家子有十幾個人都在演藝媒體界工作，憑藉這樣的關係網，他完全可以毫不費力地得到一份待遇優厚的工作，周圍人也都認為他會順理成章地走上家人為他鋪好的路，從此衣食無憂，一生平順。可是，他卻讓所有人跌破眼鏡，放棄了家人為他準備的一切，轉而努力汲取知識，憑藉自己的能力，考上國內一流的高校，選擇了跟家族背景毫無關聯的醫學專業，經常在實驗室裡一待就是一整天，辛苦不說，報酬也不多，但他毫不在意。

我曾問他：「何必這麼辛苦呢？你所擁有的一切，很多人奮鬥一生也未必能夠趕上。」

當時他回答我：「我擁有的東西，應該是我自己奮鬥得來的，我希望我因為做自己而得到別人尊重，而不是因為我是某某人的兒子。」

前不久我聯繫他，他告訴我，自己已經手握好幾項國家專利，目前正在帶領自己的團隊從事阿茲海默症的相關研究。

除了身邊一起並肩奮鬥的同事和朋友，這些年在工作和生活中，我還遇到了很多青澀稚嫩的面孔。他們就像當年的我們一樣，毅然北上，四處奔波，只為獲得一份心儀的工作機會。無論生活如何艱辛，他們的眼神始終真摯而堅定，望著他們，聽著他們講述自己的故事，我彷彿看到了那時的自己。

為了實現自己那個遙遠的廣播夢，於當時的我而言，也許拚盡全力也未必能夠實現，可是，不全力地拚搏一次，為之努力一次，又怎麼能知道自己實現不了呢？

　　所以，為了改變，為了夢想，我們每個人都應該為自己努力拚搏一把才對。

　　時常，我們會陷入一種生活狀態：對生活失去熱情，對什麼都得過且過，沒有追求，空虛、無聊著，這一切，皆來源於太過安逸的生活。安逸使人產生惰性，惰性就會有所束縛，我們要做的，就是去嘗試一些新的選擇，每天進步一點點，去走一條看不見結局的路，不斷地學著給生活一個機會，給自己一個機會。

　　你要過平庸的生活，就遇見普通的困難；你要過最好的生活，就遇見最艱難的挑戰。

　　◊

　　臨近畢業季，很多同學都在忙著找工作，是聽父母的話回到故鄉接受那個已經安排好的安穩工作，還是聽從自己內心雖然微弱但一直召喚自己的聲音去尋求更大更廣闊的發展空間？究竟哪一種生活才是自己想要的？我們無從知曉，答案在自己的腳下。

　　曾有一位聽眾在微博中給我留言，說她正面臨人生的重大抉擇，一邊是自己面前正有一個特別好的留學機會，但是需要在國外學習三

你選擇平庸的生活，就遇見普通的困難；你要過最好的生活，就遇見最艱難的挑戰。

年；另一邊是可以和相戀好幾年的男友一起進入同一家公司，但這家公司卻不是她最想去的。如果錯失留學的機會，可能以後很多年都無法遇到這樣難得的深造良機，但如果離開，就意味著要和戀人告別、和自己熟悉的一切安穩和舒適告別，步入一個完全陌生的國度，一切都要重新開始，她不知道自己能否承受得住離開的代價。

人生有時很奇怪，因為多個當時當刻看上去無比艱難糾結的選擇時刻，很多年過去後再回望，只是無數個分岔路口中的一個，因為人生不會在選擇發生的那一刻停滯不前，時光永不停息地向前奔流，你也在不斷前行，重要的不是那一個個抉擇，而是選擇之後你的所作所為，這些才是真正決定你人生方向的樂舵。

我有些開玩笑似的回覆她：「建議你可以用拋擲硬幣的方式去決定，而我想硬幣在被拋出的那一刻，你就已經知道自己心中的答案了。如果感情是你最大的顧慮，那你也正好可以借這個機會考驗你們在校園裡發芽的愛情究竟能否經歷三年分離的考驗，因為我可以確定地告訴你，距離絕不是世間愛情最大的阻礙。」

玩笑歸玩笑，我知道，所有的人生故事都是屬於別人的，所有的經驗之談都是海市蜃樓，你的人生，永遠只因你自己當下的行為而發生改變，而改變發生的最好時刻，就在現在。

嘗試放大腦海中那個習慣性微弱的「我可以」，遮蓋住那個狂笑著控制住你的「我害怕」。你會發現，一切都沒有那麼難，人只活一次，

所以人生中哪怕只有那麼一次，去逼迫自己跳出舒適圈，走入完全陌生的新世界，你會發現，原來自己比想像中更有趣，更自信，更堅強。

動畫電影《貓的報恩》裡有這樣一句話：「我始終相信，在這個世界上，一定有另一個自己，在做著我不敢做的事，過著我想過的生活。」

其實，在我們每個人的內心，都住著另一個自己，在做著曾經自己不敢做的事情。也是只要我們願意，就沒有我們不敢做的事，就能過上我們想過的生活。

堅持不下去的時候，
就換一種姿態讓夢融入你的生命

　　電臺裡來了一位從地方電臺來中央電臺交流的同行，說是想見我，寒暄了幾句之後，他就充滿疑惑地問我：「我曾聽你在《千里共良宵》節目裡說過，你以前是做汽車修理工的，這激勵了很多聽眾，可我還是有點不敢相信，汽車修理工和國家電臺的主持人，這之間簡直天差地別，這是真的嗎？你到底是怎麼做到的？」

　　這些年，我已經習慣了這個問題，聽眾、同事、上司以及採訪對象，在聽到我的肯定答覆之後，都會睜大眼睛，表示真是太不可思議了。

　　其實我也曾帶著類似的疑問，採訪過一位八十歲的小作家。八十歲了，怎麼還是小作家？這位叫姜淑梅的奶奶說：「我七十五歲才開始寫作，到現在才出了三本小說，和那些作品等身的資深作家相比，我不就是一位小作家嗎？」

　　姜淑梅奶奶是一位道地的農民，她和我們身邊的很多普通老人一樣，一直是家庭主婦，一輩子不辭辛苦，養兒育女。

　　六十歲之前她隻字不識，一切改變源於一九九六年的一場車禍。六十歲那年，姜淑梅的老伴去世了，閨女艾苓為了分散老人的精力，就建議她開始學認字和寫字，於是，為了轉移自己的悲傷情緒，姜淑梅開始跟著自己上一年級的孫子一起學寫字，她告訴我說：「我學認字的時候，有一個方法，就是自己編歌詞，叫我外孫寫出來，我這樣學認字很快，也不用問別人。然後我就一個一個唸，唸熟了呢，就拿著筆跟著畫，我外孫說，姥姥，你這樣寫字不對，從上到下，從裡到外，

從左到右，你得記住這幾樣，這叫筆劃。我就記住了。」

學會了讀寫簡單的字，姜淑梅又開始看孩子的童書和童話故事，她看的第一部大作品是《一千零一夜》，那些充滿神祕色彩和想像力的故事，激起了她的寫作欲望。她想，自己從舊社會走過來，也聽過和看過太多的故事，如果能用自己的方式把它們寫下來，讓現在更多的年輕人看到，那該多好。

在七十五歲那年，姜淑梅奶奶正式開始寫故事。

在一般人眼裡，七十多歲的老人就該安安穩穩地樂享晚年，學寫字那是小孩子的事情，伏案寫作那更是作家的事情，所以當初沒人相信，目不識丁的姜淑梅能夠寫成一本書。但是，在女兒艾苓不斷地鼓勵下，姜奶奶的第一本書《亂時候，窮時候》，終於在二○一三年出版。在這本書裡，姜奶奶用質樸而充滿力量的語言，再現了一部老百姓親筆書寫的亂窮中國史。

小說出版後，好評如潮，不僅獲得了新浪好書榜二○一三年度三十大好書、豆瓣讀書二○一三年度最受關注圖書等，還為姜奶奶贏得了一大批「薑絲」。

這些，鼓勵了姜淑梅奶奶，她筆耕不輟，陸續又出版了《苦菜花，甘蔗芽》和《長脖子的女人》，從文盲到作家，十五年如一日，一天進步一點，這就是發生在姜奶奶身上的「奇跡」。

沒有什麼祕訣，一切只因為她想要做這件事，無論別人說什麼，

她若是想做，便沒有什麼力量能夠阻攔那力透紙背的筆尖。

◊

也許你會說，姜奶奶之所以備受關注，是因為這樣的故事寥寥無幾，因為她擁有家人的支持和鼓勵，更多的普通人並沒有太多選擇的權利，就算心有不甘，迫於生活的壓力，還是不得不按部就班地做著一份糊口的工作，默默無聞地忍受著歲月的磨蝕。

其實，哪有什麼是固化不變的，始終能變的是自己，是自己要不要改變的恆心。

電影《立春》裡，蔣雯麗飾演的女主角王彩玲是一個縣城聲樂老師，貌不出眾卻有一副好嗓子。她一心想到北京實現她的音樂夢，她想唱到北京，唱到巴黎，但是最終失敗了。

很多希望走上專業道路的人或許都經歷過這樣的幻滅時刻，許多人從此徹底遠離了自己的藝術夢想，扔掉琴譜，賣掉樂器，將躁動不安的心完全封存起來，從此與夢想「一刀兩斷」。

其實，夢想的美好之處，不就在於它那遙不可及、若隱若現的吸引力嗎？讓這樣一份美好，從自己的生命裡消失是一件多麼可惜的事情。

有時候，堅持不下去的時候，換一種姿態，把夢的力量融入生命裡，融入呼吸和心跳聲中，那麼，當機遇找上門時，這股力量便會化作一隻巨大的手掌，托舉起你，令你成為萬眾矚目的閃耀之星。

　　就像在《英國達人秀》上一鳴驚人的蘇珊大媽，她的故事，曾讓無數人唏噓。從小，因智力發展比同齡兒童遲緩而備受欺辱，學習成績不好，長得也不好看，同學們都不喜歡和她一起玩，更不喜歡她唱歌。她曾哭著問媽媽上帝為什麼不公平，媽媽告訴她：「上帝給每個人都準備了禮物，只不過每個人的禮物不同，有的很容易找到，比如美麗的外表等；有的很珍貴，但不好找，需要努力才能找到。」

　　後來，蘇珊天天都唱歌，沒有人願意聽她唱，她就來到山頂對著天地放歌，很多動物都成為了她的聽眾。

　　就這樣，她一直堅持了幾十年，直到二〇〇九年，一位老者無意中聽見了她的歌聲，很是感動，給了她一張名片，告訴她有一個地方會有很多人聽她唱歌。

　　幾天後，她來到了英國達人秀的舞臺，再之後，就有了這位家喻戶曉的蘇珊大媽。

　　這樣一夜間人生巨變的故事，是很多人津津樂道的話題，但在無數無人傾聽的孤獨歲月裡，蘇珊大媽是如何用青春和生命砥礪自己的歌喉的？沒有人真的知道。

　　無論是姜淑梅奶奶還是蘇珊大媽，她們都曾是別人眼中最普通、最不起眼的那類人，她們或被人嘲笑過，或被生活重壓過，或被社會拋棄過，可她們始終沒有放棄自己，沒有放棄對夢想的追逐。

　　她們的努力，值得擁有大大的夢想。

其實，夢想的美好之處，不就在於它那遙不可及、若隱若現的吸引力嗎？

◇

　　媒體曾報導了一則新聞，引起很多人的關注。一位文化水準只有小學四年級的六十歲農民吳正奎，畫作竟賣出天價，部分畫作還被中國唯一的國家級民族博物館——中國民族文化博物館收藏。

　　吳正奎是貴州大方縣農民畫的七位傳承人之一。從小，他就對繪畫有著濃厚的興趣。十三歲時，母親去世，他為討生活開始上山放牛。放牛的間隙，他就撿來樹枝在沙土上畫畫，刨土捏捏泥人。

　　一九七六年，十九歲的吳正奎遇見了伯樂，從此走上了農民畫創作的道路。如今作品遠展海外，並被重金買走。

　　且看這新聞的標題如何奪人眼球：「小學四年級的文化水準」和「天價畫作」，這之間巨大的差別強烈地衝擊著每個讀者的心靈。

　　但細想之下，並不矛盾，當別的孩子坐在教室裡聆聽老師的諄諄教誨時，吳正奎雖然離開了學校，但卻沒有停止學習的腳步，山野叢林充當他的靈感女神，大地河流成為他的畫板顏料，在日月山川的潤澤裡，他早已突破了普通教育體制的侷限，盡情地鋪展屬於自己的夢想畫卷。

　　為什麼這些實現華麗蛻變、夢想成真的人都生活在新聞裡，自己身邊卻沒有幾個呢？其實你仔細回憶、用心傾聽，會發現在距離你不遠的地方，有不少這樣的追夢人。

　　高中時班裡的「奇葩」男同學，在別人還在發愁背課文的時候，

他卻瘋狂地迷上了電腦程式設計，每天抱著一本艱澀難懂的英文版程式設計書看得入迷，看著他的樣子，大家都覺得很可笑。而十幾年後，你偶爾從老同學口裡聽說他現在是一名美國矽谷軟體開發工程師的那一刻，會感到驚訝嗎？

隔壁老張家的女兒，從小就是街坊鄰里談論的對象，不好好學習，也不愛打扮自己，就喜歡在外面瘋跑野玩，攀登、騎行、游泳，是她的最愛，大家都覺得這孩子長大肯定沒有什麼出息。畢業後你回到家找工作，卻聽媽媽說起，老張家的女兒在大學期間就已經組建了自己的戶外俱樂部，這個從小就對山川景點如數家珍的女孩，帶著自己的騎行隊跨越了大半個中國。現在，已經在湖光山色間經營起自己的小旅店，談笑間賓客滿座，樂得逍遙自在。

自古以來追夢成功者都不是神話人物，他們就在我們身邊，就在與你擦肩而過的人中間。無論境遇如何、起點高低，他們都一個共同點，那就是選擇了一個目標，然後持續努力，哪怕進步很慢，只要不停下腳步，那麼終有一天，積蓄日月精華的夢想之花會盡情綻放，舒展開每一片汁液豐盈的花瓣，驚豔歲月。

夢想不是掛在嘴邊的口號，不是打在白布上的幻燈片，也不是鎖在櫃子裡的祕密，它是支撐起追夢人腰桿兒的那一股子精神氣，是能讓如蘆葦般脆弱的人在經歷無數次失敗和跌倒後，還能站起來繼續前行的，深入骨髓的力量。

　　無論奮鬥的理由是什麼，只要你心中有未實現的夢，就沉澱下來。

　　南方以南，以夢為馬。我們每個人，都可化夢為骨，帶著夢想鑄就一身肝膽，勇敢地走進自己的夢想！

還未拚盡全力，
就別說自己不可以

前不久，一篇〈北京，有兩千萬人假裝在生活〉的文章在網上風靡傳播。文章中描述了長住北京的市民對城市膨脹、空氣污染的無奈；也細數了更多在北京生活的外地人，日復一日的辛苦勞作，卻仍然結不起婚、生不起病、買不起房的苦澀與辛酸。

很多年輕人，在微信朋友圈裡轉發了這篇文章，配上了自己的感慨和笑中帶淚的表情。一些聽眾，也開始跟我在留言區討論，詢問我難道他們來到北京的初心如今已經被定義為「假裝生活」了嗎？

其中，有一個男孩在留言中告訴我他在北京的生活狀態，他說自己就是在北京假裝生活的那兩千多萬人中的一個，畢業兩年了，每月收入還不到六千塊錢，其中的一半要付房租，而租住的地方離公司還有大約一個小時的路程，每天早上他和生活在這座城市裡千千萬萬的人一起擠公車、換地鐵，比肩接踵，「肌膚相親」。單位要求八點半準時打卡，遲到一次罰一百一元，剛工作的那個月，他因為不熟悉路線，遲到了十五次。因為不是正好上整個月的班，所以那個月工資才不到三千元，遲到就被扣去一半，最後房租是爸媽接濟的。

每天，上班的時間是從早上八點半到下午六點。一般，他的午餐就在公司附近解決，通常吃得很簡單，一碗麵條或者一份蓋飯，連飲料都很少喝，還不如在大學時候的生活愜意。上學時，他叫外賣每次都要點一瓶飲料的。而今換自己掙錢，才知道原來錢掙得是這麼的艱辛不易。

在公司上班也不好過，每天有大量繁瑣的工作要處理；除了工作外，還有最傷人腦筋的人情世故。有相處得好的同事，也總能遇到暗中使絆子的人。他在部門裡是最年輕、資歷最淺的一個，所以各種雜事和苦差事總是落到他頭上，能在六點準時下班真要謝天謝地了。

公司雖不是那麼理想，但是顧不得寂寞，人來人往裡總還覺得自己不是一個人。然而，下班後沒有朋友聚會、沒有約會、沒有大餐、沒有電影和KTV，租住的小屋是他唯一的去處。

寂寞，就自然而生了。

到家，通常是晚上七點二十分。他先在附近的小吃店裡，點一盤小菜，吃一碗米飯，吃完飯無處可去，只能回家。上週的衣服還堆著沒有洗，和他合租的兩對夫妻，互相也不說什麼話，只有在他不小心把垃圾留在客廳時，才會聽到有女人抱怨和斥責的聲音……這就是他在北京的生活，他不知道自己還能在這裡待多久，也不知道別人都是怎麼在這座城市裡生活的，生活的意義又是什麼？

這個男孩的故事，雖然不能代表兩千多萬人的生活，但也許是很多來到北京時間不長的年輕人日常生活的真實寫照。

但是，在北京城朝夕奮鬥的兩千多萬個鮮活的生命，真的可以用「假裝生活」這簡單幾個字來概括嗎？

也許這樣的生活看似沒有樂趣、沒有結果、沒有盡頭。可是，任何一個高速發展的城市，都充滿了競爭和挑戰的壓力，這些壓力催促

著各行各業的人們去拚、去努力，去贏得那百裡挑一的任職機會。

不過，這卻是你在這個城市駐足的基礎。因為一切資源都是有限的，無論是土地資源、教育資源，還是醫療資源和養老資源，甚至是休閒旅遊資源、公共文化資源，沒有任何一個城市可以提供每個人都滿意的一切。

為了提升生活品質，你要做的唯有奮鬥。你可以說這樣的生活很殘酷，很現實，但它卻是最公平、最平等的，並且充滿了那麼多的希望與機會。

◇

衡量一個城市的品質，首先要看這個城市的機制，如果這個城市的運轉機制相對合理，那麼，剩下的一切，就是看誰有真本事了。北京，能夠提供給無數人一個相對公平的競爭平臺。

如果有通過努力就能到達的彼岸，誰會不嚮往？而這正是在靠關係和人情生存的小城市裡，很難找到的。

你看到的北京人情冷漠、生存壓力大，就說在假裝生活，可你看到過他們認真生活的樣子嗎？有多少年輕人，放棄了在故鄉穩定的工作環境，一心留在北京，希望將來能在這裡闖出自己的一片天地。工作壓力大、專案任務重，可是這樣磨練心智，提升能力的機會，一生又能有幾回？

如果有通過努力就能到達的彼岸，誰會不嚮往？

黎明前的夜，總是最黑暗的。

◇

我有一個比我晚進入媒體行業的朋友，他跟我一樣，在入行之前也從事著其他毫不相關的工作，只因不甘於一輩子渾渾噩噩地度過，他拚盡全力在北京駐足，住過地下室，吃過白水泡饅頭。但是，他卻不覺得這是苦。隔行如隔山，為了能早點趕上同事，他每天汲取大量新聞資訊，溫習理論知識；為了一個小小的採訪任務，他會連夜準備資料，讓自己的稿件保有一個超高的水準。

這些年，我看著他依靠自己的努力，升職加薪，雖然累卻幸福著。

記得有一次我問他，「這些年在北京打拚，吃過虧，受過累，到這把年紀還沒有成家，值嗎？」

他說：「我不知道這些苦吃得值不值，我只知道，如果當初沒有下定決心來北京，我會後悔一輩子。」

我身邊還有很多年輕人，他們從實習期開始就在北京郊區租房子，每天朝九晚六地擠地鐵、趕公車。錢賺得少，盡量能不花錢就不花錢，一年到頭，能用攢下的錢給家鄉的爸爸媽媽換一部新手機，買一台平板電腦，年夜飯就也比從前更香。

他們在追夢的旅途中堅持前行，一路不僅收穫了成長，還在這個偌大的城市播種下愛與希望，好像無數顆閃爍的星星布滿北京城的夜

空，光芒微弱，卻能照亮整個城市，為生活奔忙著的人們照亮每個角落，照亮千千萬萬條從一無所有到尊嚴行走的奮鬥之路。

其實，他們並不是「假裝」在生活，而是認真面對每一天。

◊

生活，本就沒有真假之分，每個人都有自己不同的生活姿態，你可以過得苦澀悲戚，也可以過得有滋有味，就看你自己怎麼選擇了。但無論如何，生活的艱辛和苦澀，都是真真切切存在著的，它可以消磨掉軟弱者的意志，但卻更能激發強者的鬥志，讓他們更執著而用力地活著。

無論你是選擇逃離北京、上海、廣州，還是義無反顧地堅守在這裡；無論你是較有地位下的「老北京」，還是辦公室裡的「新移民」，只要你在這塊土地上行走過、生活過，就都是認認真真地活著的、就應對自己的生活保留一份敬意，對他人的努力給予一些寬容。

如此，你便會驚喜發現，這裡就是你的「詩和遠方」！

生活中的微光

* 這世界,哪有什麼順風順水;生活裡,哪有什麼一步登天的快捷方式,遠方的目的地都是一步一個腳印踩過去的。

* 生活可以廉價,但夢想不可以。

* 夢想,唯有你努力爭取,才會有曙光乍現;只有你堅持不懈,它才會向你露出笑臉。

* 人生就是一個緩慢受錘鍊的過程,我們一天天老去,哪怕在歲月的荊棘裡遍體鱗傷,哪怕曾經的熱血漸漸冷卻。然而,舔完傷口,我們只能自己站起來。

* 無所謂堅持,無所謂成敗,甚至,無所謂生死,挺住,意味著一切。

* 勇往直前也罷,步履蹣跚也罷,總要走過去。

* 我始終相信,在這個世界上,一定有另一個自己,在做著我不敢做的事,過著我想過的生活。

* 若要改變命運，我就要執著地去努力爭取一切。哪怕從頭再來。

* 你選擇平庸的生活，就遇見平庸的困難；你要過最好的生活，就遇見最艱難的挑戰。

* 上帝給每個人都準備了禮物，只不過每個人的禮物不同，有的很容易找到，比如美麗的外表等；有的很珍貴，但不好找，需要努力才能找到。

* 其實，夢想的美好之處，不就在於它那遙不可及、若隱若現的吸引力嗎？

* 如果有通過努力就能到達的彼岸，誰會不嚮往？

* 對自己的生活保留一份敬意，對他人的努力給予一些寬容。

CHAPTER 02 /

生活，
從來不會虧欠每一個努力的人

如果生活也給你，或即將給你一個選擇的機會，

我願你選擇早一些嘗到生活的苦。

只有努力，
命運才會眷顧你

從我記事起，就在日復一日的現實生活中感受著命運的殘酷。對我來說，活著似乎從來都不是一件容易的事。

早年家貧，生活的境地隨著父親的早逝和母親的多病每況愈下。雖然，我是家裡最小的孩子，母親疼愛我、哥哥姐姐們照顧我，但貧賤生活百事哀，每日見家人為生活辛苦奔忙，我怎能做一個心安理得的旁觀者呢？那時，在我看來，為生存而活的人生，容不下「理想」二字。

其實，年輕的我內心深處也藏匿著無數對多彩人生的憧憬，但在殘酷的現實面前，我沒有選擇的資本。就這樣，十六歲那年，我離開了校園，像一粒塵埃，被捲入招工的茫茫洪流中。那年，我成了一名修車工。一望無際的戈壁灘、凜冽刺骨的朔北疾風、日復一日單調勞累的維修工作，以及怎麼洗也洗不乾淨的沾滿油污的手套……沒有什麼能比這一切更能壓抑一顆年輕騷動的心。

那時的我，每天與自卑和壓抑為伍，因為渴望去到與這不一樣的地方，整日裡都會從嘴裡不自知地冒出幾句囈語來，如同癡人說夢，隨即淹沒在大家的笑鬧聲中。

那時的我，就猶如折翼的飛鳥，儘管不能翱翔天宇，夢想，卻始終洶湧在心頭。

是的，我想離開，離開自己熟悉的一切，離開親人和故土，去尋找另一片屬於自己的天空。

就在我惆悵不已的時候，我遇到了老章。在那一望無際的戈壁灘上，我終於抓住了一根救命的稻草。

◇

老章是我的師傅，我成為修車工的那一年，他二十八歲。

老章是與眾不同的，我第一次見他的時候，他正捧著一本書，在班組休息室裡認真地讀。老章是第一個肯聽我訴說的人，很多時候，我熱切地跟他訴說內心的渴望及煩憂，老章就靜靜地聽著。老章不嘲笑我，也不鄙視我，他和我一樣，心裡也住著一個愛做夢的孩子；他和我一樣，在內心深處，渴望著擺脫當下的生活狀態。

老章是心疼我的，別的師傅都愛使喚徒弟，讓徒弟洗自己那沾滿油污的工作服，還有那用髒的、油膩膩的手套，然而老章卻不會，他總是對我親切地說：「你還是個小孩。」在做他徒弟的那些日子，他從沒讓我幫他洗過任何東西，哪怕一雙手套。

老章總鼓勵我多看書。他說：「沒有白讀的書，以後總有機會用到。」

老章從不笑我。他偶爾會指點著我的鼻子，樂呵呵地說我人小鬼大，對於我對未來的嚮往，他也全盤相信，他說：「你肯定能走出戈壁灘，到那外面的精采世界。」

因為老章，我漸漸地不再那麼自卑了，那些無數個早起練嗓的日

子，那些不知被我翻看過多少遍，書角都已卷起的理論書籍，為我的胸膛注入了魯莽但無畏的力量。很快，我得到了在故鄉縣城小電臺裡做兼職業餘主持人的機會，這份工作對我來說，無異於暗夜中璀璨的啟明星，它為我乏味單調的修車生活點亮了一盞不滅的指航燈，照亮了我迷茫混沌的心靈。

那顆被我冰封冷藏的夢想種子，終於在春風雨露的潤澤之中，漸漸萌芽。

◇

後來，當小小的修理廠再也容不下我心中的夢想時，我決定去北京。當時儘管家裡不寬裕，但哥哥姐姐們都沒有阻攔我。於是，我懷揣著企業轉制補給我的三萬多塊錢，踏上了開往北京的火車。

這些年，一路走來，周遭總會有一些朋友，在初識我時，發出這樣的感慨：

「你真是好幸運啊，不是所有人都能像你這麼好命的。」

「能取得今天的成績，你命裡肯定不缺貴人吧？」

每當聽到這些話，我都禁不住苦笑。沒錯，我的確是一個被命運眷顧的人，然而，我又是經歷了怎樣絕望的掙扎和自卑的彷徨，才終於抓住了命運女神向我投下的這攀向高處的繩索！

初到北京的日子，真的不好過。帶來的生活費，在交了房租後便

那顆被我冰封冷藏的夢想種子，終於在春風雨露的潤澤之中，漸漸萌芽。

所剩無幾，儘管我節省一切必要或者不必要的開支，依舊日日拮据，這樣的生活持續了很長一段時間，幾乎將我最初的熱情和滿腹的壯志消磨殆盡。

但在，在這座城市裡，我並不孤單，無數懷揣夢想的年輕人和我一樣，在這裡歡笑、哭泣，在這裡無數次跌倒又無數次爬起。既然無數的年輕人最終都可以笑著屹立在這片熱土上，我又為什麼不能？

◊

時間作證，我的努力沒有白費。

二十八歲那年秋天，我終於考上了夢想的學校。在這裡，我遇到了生命中許許多多志同道合的朋友。他們之中，或許家境殷實、或許家境貧寒，然而，他們和我一樣，都站在夢想的同一起點上，我們一起學習、一起生活，惺惺相惜的情誼，在我們中間萌芽、生長，也讓我在這個偌大的城市裡，感受到從未有過的溫暖。

宿舍的幾個兄弟裡，我的經濟狀況最差，他們每次約我一起出去吃飯玩耍時，我總是找各種理由推辭。起初，他們以為我為人孤僻，不好相處，但時間一久，大家明白了我的生活境況。於是，這些善良而熱情的兄弟們，今天請我吃飯，明天給我介紹個打工。

這些年，他們給過我的關懷和溫暖，始終如若冬日的暖陽，伴我前行。也是在這所學校裡，我遇到了我人生裡的第一位伯樂——葛蘭

老師。

　　葛蘭老師是中國播音界的前輩，中華女子學院播音與主持藝術專業教授，同時也是中華女子學院播音專業的創立者。二十八歲那年，我有幸成為她中華女子學院播音專業大專班的一名學生，成為中華女子學院歷史上第一批男生中的一個。

　　那時的我，雖然喜歡播音主持已經很多年了，但從專業角度來看，還有很多語音問題沒有解決，葛蘭老師一面不斷地鼓勵我，一面又不斷地糾正我的語音問題。在了解我的生活情況後，她還經常在課餘給我介紹各種配音的工作。正是在葛蘭老師和宿舍兄弟們的幫助下，我每月還都能賺到一些錢來補貼溫飽。

　　大專二年級時，我的積蓄已所剩無幾，而課餘配音賺的錢，也僅基本保證日常伙食開銷。所以，到交學費時，我真是一籌莫展，也實在不好意思向哥哥姐姐們張口。

　　記得那一次，去葛蘭老師家吃飯，我滿腹愁惘悵地吃著，滿腦子都是怎麼能夠籌到學費，卻沒想到，葛蘭老師竟然對我說：「小馬，你平時學習很努力，生活上又很簡樸，這些我都看在眼裡，像你這麼珍惜學習機會的學生，我一定會幫助你完成學業，學費你就不用再操心了，我已經向學校申請減免了你的學費，你就只管好好學習吧！」那一刻，我覺得整個世界都豁然亮了起來，感動得一句話也說不出來。

　　在女子學院的那兩年，葛蘭老師一直非常照顧我。學校的伙食油

水少，我們又都是能吃的小夥子，於是，每到週末，葛蘭老師就把我們幾個男生叫到家裡，給我們包餃子、燉肉吃。她見我們住在地下室裡，潮濕陰暗，條件較差，就自己掏錢幫我們租了樓房。

在葛蘭老師的幫助下，兩年時間裡，我從一個莽撞的門外漢，逐漸走上了播音專業的正軌，我的文化課成績也從入學時的最後一名，成為全班第一名。畢業那年，我還獲得了「中華女子學院優秀畢業生」的稱號。

如果說，一路走來，我真的很幸運，那這一路上，我遇到的這些人，才真正是我幸運的源頭。義無反顧支持我踏上尋夢征程的家人、鼓勵我好男兒志在四方的師傅老章、萍水相逢卻渡我走過困境的兄弟和朋友，還有助我在專業領域入門並不斷提升的葛蘭老師，以及那些幫助過我的前輩、師長。可以這麼說：如果沒有他們，我也不會成為現在的我。這些人，這一生，一個也不會忘。

我，真的幸運嗎？

我，真的好命嗎？

其實，一路走來，我發現，不管出身、不管來路，我們都是一樣的。只要還活著，我們就必須努力，認認真真地過每一天。

◊

逆境和挑戰、困難和挫折，永遠都在，然而，命運的眷顧，也永

遠都在，只要你努力向上攀爬，一路上，你難免會心酸，難免會抱怨，難免會哀嘆人生，難免會羨慕旁人……但是，你又能否感覺到，在不遠的人生拐角後，在那些看不見的地方，命運女神已經悄悄地拋下一根繩索。

不要怕跌入谷底，只要你肯站起來，邁步向前，重新出發，你會發現，無論你往哪個方向走，都是在朝上走，這時候，只要你能發現那根繩索並牢牢地抓住它，那接下來的一切，便會否極泰來。

在這個世界上，我們都是渺小的，我們也都是卑微的。

曾經，我以為自己是一個非常不幸的人。

曾經怒問蒼天，為什麼要讓我經歷許多同齡人都未曾經歷的苦痛與不幸？

曾經哀嘆不已，認定自己是那個被命運拋棄的人。

曾經以為，自己承受著人生本不能承受的苦痛，在迷茫與未知的黑夜中孤獨前行。

直到有一天，我發現，自己原來一直被命運所眷顧，那些好似突然從天而降的機會，那些不離不棄陪伴我、鼓勵我、支持我的人們，一直都在。只要我勇敢地迎上去，便無需擔心自己受之有愧。命運既然選擇了我，無論好與壞，都是恩賜。

總有一天，你也會發現，原來，地下那潮濕幽暗、盤曲錯節、貌似醜陋的根系上，竟然也能開出世上最美麗最嬌豔的花朵。縱使命運

總愛捉弄世人，但它永遠不會辜負一顆一生向上、一生向善的心。

　　誠如稻盛和夫說過的：「不管是順境也好、逆境也好——不管自己處在何種境遇，都要抱著積極的心態朝前看，任何時候都要拚命工作，持續努力，這才是最重要的。」

　　只有努力，命運才會眷顧你！

縱使命運愛捉弄世人，但它永遠不會辜負一顆一生向上、一心向善的心。

對那些窘迫至極的日子
說聲謝謝

二十八歲那年的秋天，我成為北京一所女子學院歷史上第一批男生中的一個。

你沒看錯，就是女子學院，一位我所敬仰的播音前輩認為我有一副好嗓子，是做播音工作的料，所以去跟校方爭取，破格招收了我。就這樣，我在中斷讀書的十幾年後，開始了自己的大學生活，開始了自己的廣播夢。

十六歲，初中還沒有畢業就因為生計輟學，能夠去上女子學院，對於我來說太過珍貴。在專業課順利通過之後，接下來是成人高考。為了能通過考試，考前半年，我開始複習高中課程。當時我住在廣播學院的宿舍裡，每天早上四點多起床，先背英語單詞，然後是高中語文和政治；數學因為中斷了太久，學起來最吃力，所以我一般用一整天時間來學習它，學基本的概念，複習基本的例題。

北京的冬天，早起是一件太痛苦的事情。四點多，窗外還一片漆黑，我便從被窩裡爬起，躡手躡腳地離開寢室。

凌晨的北京，北風呼嘯，我瑟縮著拿出《許國璋英語》，從初級開始讀。冰冷的路燈下，我一遍遍地讀著最基本的單詞和句子，偶爾會有早起晨跑的老人和從附近網咖包夜回來的學生從我身邊經過。

宿舍裡幾個室友，對於要去考大專的我表示費解。他們覺得，我都這個年紀了，即使通過了成人高考，等大專讀完也近三十歲了，大專的文憑還是低，年紀又大，到時哪家電臺會要我？

　　這些話，我也曾想過，但是為了圓我的大學夢，我必須要腳踏實地，有了大專學歷，我才可能繼續升本科。

　　很小的時候，大姐就曾鼓勵我「笨鳥先飛早入林」，既然已經遲了那麼多年，那就比別人付出更多的努力吧。

　　就這樣，心無旁騖的我按著自己的目標前行，半年後，真順利通過了成人高考，正式成為了中華女子學院的一名學生。

　　◇

　　一心讀書我能做到，但是不再年輕的我不能不考慮如何自己養活自己。哥哥姐姐們都已經成家，有自己的生活，讓他們從微薄的收入裡擠出錢來接濟我，不可能，我也做不到。

　　從新疆出來，我的全部積蓄就三萬六千塊。不過，這筆錢對我來說太寶貴了，這是我未來幾年讀書生活的全部支出。所以，每花一分錢，我都得周密計劃一番。

　　生活開支，已經壓縮到最低。當時，學校食堂每天下午都會有最便宜的菜賣，一份幾塊錢，都是中午吃剩的菜燴在一起的。不過，這種菜卻是賣得最快的，開餐大概半小時就沒有了，所以，我總會在開餐前半小時，把複習功課的地點挪到食堂，這樣既可以繼續複習，又可以吃上最經濟實惠的飯菜。室友們總問我，你怎麼那麼早吃飯，我就笑說自己長身體，餓得快。

既然已經遲了那麼多年，那就比別人付出更多的努力吧！

那一年，我還在用呼叫器。後來，為了能更多地接觸到外界，找到一些出去配音的零工來補充生計，哥哥把自己淘汰下來一部舊手機寄給了我。

這，是我人生中擁有的第一支手機。

它，也成了我跟外界交流的唯一工具，有了它，基本上每個月我都能接到四到五個配音的工作，每月有了三四百元的收入。後來很長一段時間，我都用著這部手機。儘管找我配音的人已經漸漸多了起來，儘管收入也不再那麼窘迫，但是，有它在身邊，我就會覺得很心安。

◇

二〇〇一年的九月，我終於走進了女子學院。

儘管只是大專，儘管常被人尷尬地問：「你一個男的，怎麼讀女子學院？」但，能夠有書讀，我已經覺得很滿足了。話說，若不是上了這個女子學院，斷然不會有我現在的成績。它，是我的起點，亦是我攀爬到夢想的支點。

若干年過去，我還是會常常想起這段時光。

有時，我也會想，也許踽踽行走在這個都市的你和我一樣，也曾度過一段窘迫灰暗的日子，你是怎麼熬過來的？一定也曾流過淚、傷懷過、落寞過，在絕望的邊緣掙扎過吧！

不過，還好它們終究都會過去。

那些生活艱難、工作失意、學業壓力重，抑或愛得惶惶不可終日的時光，它們終究都會過去。你挺過了，人生會豁然開朗；挺不過的，時間也會教你如何與它們握手言和。

所以，我們都別怕，也不必害怕。

每一個少年的心裡，
都應住著一頭獅子

曾經，我也是別人眼裡的差生。

初三上學期的化學考試，全班只有三個學生沒有及格，而我，就是其中之一。至今記得，當時的化學老師，一個南方男人，戴著厚厚的眼鏡，很惋惜地對我說：「你的成績一向都不錯，怎麼現在這麼差，整天吊兒郎當、沒精打采的。馬上就要中考了，你再這樣下去，怎麼行啊？」他的話像把刀子，扎進我的心裡……。

而我也是那屆學生中，唯一一個退學的，而且是主動退學的。

那年十一月，烏魯木齊的冬天異常寒冷。一個雪花紛飛的日子，我走進了校長的辦公室。我不敢直視他的眼睛，我聽得見自己的心跳，然而我卻不得不開口說：「我要退學。」

我聽見他的嘆息，我看見他的哀憐，不過他體諒我，接受了我的退學申請。

走出校長辦公室的時候，遠遠地，我看到了那位化學老師。於是，我低下頭，倉皇跑開……。

後來，我去了汽修廠，並且主動申請去了最艱苦的地方，烏爾禾、達阪城、克拉瑪依……。

高大的井架、無人的曠野、肆虐的風……。

如果這個世界上真的有時間隧道，可以讓我重新來過，我想我還是會選擇退學。不過，如果說苦難真的是人生的墊腳石，我還是希望，在曾經走過的道路上，沒有太多的苦難。

◊

對於一個家庭來說，父親的早亡，無疑是一場持久的災難。特別是對於母親孱弱，有兩個男孩和兩個女孩的家庭來說。

不過，我因為有母親和大姐二姐的呵護，在父親去世後，我還是過得無憂無慮的。當時的我，還沒有深刻感知生活拮据和貧困的機會，除了偶爾看到小夥伴們手裡捧著好吃的、好玩的，自己卻沒有那麼多零食和玩具時，我的內心會有些不甘和失落之外，並沒有太多煩惱，也從未感到過自卑。

這世間既沒有那麼多的順風順水，也沒有那麼多的厄運連連。

父親去世後，單位招工，照顧貧困家庭，大我九歲的大姐進了廠區醫院做護士。這對母親來說，是當時最大的安慰了，大姐不僅可以賺錢養家，而且在當時看來，護士對於年紀尚小的大姐來說，也是份比較輕鬆的工作。

那時，大姐就成了家裡的支柱，儘管剛開始工作，她每月的工資僅有七十二塊錢。每月，大姐把工資悉數交給母親，母親根據一家人的吃穿再做調配，一家五口人，除了柴米油鹽等生活必需支出，剩下的，母親都存起來，以備急用。

那時候，對於二姐、哥哥和我來說，最開心的日子，就是大姐發工資的日子。倒不是因為大姐發了工資，母親就會在飯桌上添上一盤

久違的辣子雞，而是因為大姐除了工資，還會有一點點獎金，而我們就有了久違的零食。

起初，大姐的獎金很少，每個月只有五塊錢。後來，大姐去上班的時間愈來愈早，病人也愈來愈多，直到大姐成了科室裡的業務骨幹，一針就能搞定別的護士解決不了的難題，我們的零食和家裡的日用品才逐漸多了一些。

再後來，大姐開始買各種參考書，自學高中課程。

如果說生活是一杯茶，那麼大姐就和母親一起，硬是把一杯苦茶熬成了清香的好茶。

大姐工作後的第二年，哥哥離家去了獨山子工作。哥哥自小調皮搗蛋，母親不在身邊的日子，他雖然過得拮据，卻也能夠獨立應對自己的生活了。

那時候，每隔兩三個月，哥哥就會回家一趟，男孩似乎不像女孩那麼顧家，每次哥哥回來，我都盼著他能帶回來好吃的、好玩的，可惜每次願望都會落空。不過我還是盼著他回家，因為哥哥一回來，一家人團聚在一起是那麼溫馨熱鬧。

每次，母親都會殺一隻雞，做她最拿手的辣子雞給我們吃。一家五口人，四個孩子圍坐在母親身旁，搶著吃雞塊，這是我一輩子都不會忘記的溫暖場景。

這世間沒有那麼多的順風順水，也沒有那麼多的厄運連連。

◇

生活的清苦，會催人成長。

大姐、二姐雖是女孩，可從來沒講吃講穿，更不愛慕虛榮。我六一兒童節穿的白襯衫、冬天穿的新棉襖，還有過年穿的新衣服，都是她倆省吃儉用給我買的。

二姐最疼我，她曾經對我說，長大了，要賺很多錢，帶我到北京去吃烤鴨。她總把家裡最好的東西留給我，我最愛吃餃子，每次家裡包餃子，她都把自己的那一份留給我。

說來，我的童年生活充滿了各種各樣的溫情。只是，後來母親的身體愈來愈差，照顧我的事情都落在二姐頭上。

人家說，上帝關上了一扇門，就會打開一扇窗。如果不是大姐和二姐，也許，就不會有我的今天。

二姐文科成績很好，可數理化卻很不好，為了早點減輕家裡的負擔，她讀了附近的一所技校。大姐頗覺可惜，但以二姐的成績，即便讀了高中，也未必能考上大學；即便真的考上了，家裡也實在沒有辦法繼續供她讀書。

大姐對我們說：「只要好好學習，日子再苦都不怕，總能挺過去。」

然而，當真正的苦難來臨之際，我還是無路可逃。

那年秋天，母親病重，我們姐弟四人圍在母親的病床前，一個個哭成淚人。

　　那晚，母親艱難地把手錶取下來，戴在大姐的手腕上。那塊手錶是父親和母親結婚時，父親買給母親的禮物，也是當時我們家最貴重的東西，母親非常珍愛，一直戴在手腕上。

　　母親說：「花花，以後這個家就靠你了，好好照顧弟妹。老二、老三、老四，你們都別哭了，你們以後都要聽大姐的……」

　　那天夜裡，母親去世。

　　也就是從那夜開始，我告別了無憂無慮的生活，開始意識到，自己是個大孩子了，雖然我的肩膀還很瘦弱，但要去面對自己的人生了。

　　當時大姐和哥哥都到了該成家的年紀，這讓我的內心充滿了焦慮，我不想再給他們增添太多的生活負擔。而生活的變故，也讓我再無法安心讀書，我開始想辦法，試圖尋找人生的出路。只是十六歲的少年，哪裡有那麼多的眼界和開闊的思路，我彷彿一下子鑽進了人生的死胡同，困惑、迷茫壓得我喘不過氣來。

　　我的成績，也就在這不安和焦慮中，逐漸滑落。

　　化學成績公布的那天，在回家的路上，我想了很多很多。

　　沒錯，即便是大姐和哥哥陸續成家，他們也會盡心盡力地繼續供我讀書，但是他們的收入都不高，負擔我的學費，必然就會拖累他們自己的小家庭。

　　我已經十六歲了，我要像他們一樣，早早地養活自己，為自己的生活負責。

偶然有一天，聽同學聊起，父母的單位要招工，解決困難家庭子女的就業問題。我沒有太多的猶豫，就下定決心退學去參加招工。

　　我，要用單薄的肩膀扛起自己的生活。

　　◇

　　那年十一月，故鄉的冬天異常寒冷，校長的體諒讓我慚愧，我實在沒有勇氣再去面對曾經的老師和同學……。

　　後來，很多年，我都沒有跟還在繼續讀書的同學聯繫過。

　　在那些艱苦的地方，高大的井架下，無人的曠野裡，肆虐的狂風中，我遠離那些打牌喝酒的同事，一個人，捧著心愛的收音機，躲在別人看不見、聽不見的地方，瘋狂地收聽著來自電波那頭的聲音，瘋狂地暢想著自己別樣的人生，瘋狂地跟自己說話，瘋狂地模仿著電波裡的聲音。

　　年少的我，狂熱地愛上了播音，同事們都說我是瘋子，說我是癡心妄想。一直到很多年後，我帶當年的同事走進我所工作的直播室，他們才真正相信。

　　戈壁灘上，那個試圖躲避同齡人，躲避熟悉的環境，整天被疲憊包裹、被汗水浸濕的少年；那個把播音當成青春的出口，在月光下一個又一個節目仔仔細細地聽完，然後一句一句地說給自己聽的少年。

　　多年後，我是如此感激他的選擇、他的堅持。

　　我把這個關於差生的故事，如此赤裸裸地講出來，是為了告訴所有心有猛獅的少年，所有的付出都不會白白付出，砸在地上的汗水是真的，落在心上的淚水是真的，但它澆灌出來的果實也是真的。

　　苦難是人生的墊腳石，對於強者來說更是一筆財富，身處苦難，你承擔了，你戰勝了，你必會成長。

　　其實，每個少年心裡都應住著一頭獅子，在人生經歷苦難、彷徨和坎坷時，當無奈、孤苦和自卑席捲時，唯有我們自己，可以啟動和喚醒內心那頭勇猛的雄獅。

　　無人可以替代，只有我們自己。

「你要相信，
沒有到不了的明天」

北京，北四環小營世紀村社區。

曾經有一段時間，我就住在這個由防空洞改造成的地下出租屋裡。記得第一次去看房，我和同學一路詢問，才尋到社區深處的這個出租屋。順著通往地下狹窄的樓梯一直走，走到樓梯盡頭右轉，看到一條長長的幽暗走廊。

就是這樣一座潮濕陰冷的「地宮」，空著的房間也沒有幾間。走廊盡頭的那間房，是我和同學當時一起租住的地方。而小安的住處，在地下室一進門的第一間，只要有人走進地下室，小安就會探出頭來，用她又黑又亮的眼睛張望，眸子裡總會閃過一絲不安和猶疑。

有時經過小安的房間，會看到一個十多歲的男孩坐在凳子上玩耍，衣著整潔，神色卻透出超乎同齡人的天真和無畏。

後來我們知道，原來地下室的主人是小安的一位遠方表姑。她表姑的丈夫，是這個社區管委會的一位工作人員，他們將防空洞改造成地下出租屋，供外來打工者和附近的學生租住，而小安在這裡負責管理和打掃樓道衛生。

彼此熟絡後，我聽小安的表姑說起過她的故事。小安的家住農村，長期幹農活，使得臉上的皮膚黝黑粗糙，缺乏營養的頭髮乾燥枯黃。

我們住的那段時間，是小安第二次來北京了。

十七歲那年，小安曾來過北京謀生，那時小安隻身一人，面對偌大的城市，小安迷路了。北京太大了，大到道路需要一環套一環；北

京又太小了，小到處處高樓聳立，能容得下小安的卻只有一間幾平米的小屋。

我在房間門口看到的那個男孩，是她十二歲的智障弟弟，是小安最疼愛的人，他們姐弟倆的感情很好。

父親去世之後，小安的母親很擔心自己離開人世後，可憐的智障兒子沒個著落。母親的焦慮，小安全看到了眼裡，她托人打聽，知道像弟弟這樣的孩子可以去上培智學校，學一點生存技能，起碼以後能養活自己。於是，十七歲的小安央求北京的表姑給自己找個工作，好賺錢送弟弟去上學。

第一次來，小安沒有帶弟弟。

剛開始工作，小安明顯有些不適應。家鄉雖不繁華，但畢竟是自己長大的地方，在那裡自己是自由自在、無拘無束的，雖然要時常幫母親下地幹活、做家務、照顧弟弟，但卻從沒有低聲下氣地「伺候」過跟自己不相干的人。

然而，地下室的局面可就複雜多了。

◇

居住在這裡面的人，可謂三教九流，形形色色，最不缺的就是素質低下、故意找碴的人。公共衛生間和樓道的地面，總是剛打掃完後又被垃圾和穢物弄髒；剛換好不久的水龍頭，還沒用過幾次就又被肆

意弄壞；還有十九號房的租客，又拖欠房租，已經不知催了多少次，就是不交。

每每出現這種情況，表姑問起小安，她卻什麼也說不出來，只是狠狠地絞著手指，嘴裡嘟嘟嚷嚷地咒罵著，眼睛盯著地面。

在地下室工作了一段時間後，小安省吃儉用，總算存了些錢。

可是沒過多久，家裡傳來消息：母親病重，催她趕緊回家。小安匆忙返鄉，而她身上所有的積蓄還不夠付一半的住院費。

為了給母親治病，在親戚朋友的催促聲中，小安嫁人了，她嫁給了一個死了妻子的中年男人，男人不缺錢，母親的住院費和手術費都有了著落。可是男人有酗酒的毛病，喝醉後常拿小安的弟弟出氣，動不動就是一頓打罵。

每到這時，小安就會衝上前去，用自己單薄的身體橫瓦在不得不暫時委身的男人和哭喊著的弟弟中間。

而那一刻，也是她最絕望的時刻。

◊

母親去世後，小安沒有耽擱片刻，很快便帶著弟弟來到北京。這一次，她緊緊地牽著弟弟的手，在人潮和車流之中穿行，腳步沒有半分遲疑。

工作還是之前的工作，但小安需要更多錢，弟弟一天天長大了，

她要盡快送他上學，於是攬下更多髒活累活的小安，再也沒有向表姑抱怨過。

她沒有時間抱怨，打開門是殘酷的戰場，關上門就是溫暖的家。

只要姐弟倆可以在一起相依為命，什麼苦、什麼累她都不怕，她最怕的是分離、是無法照顧到弟弟、無法給他一個溫暖的、可以安身的地方。

她擔心弟弟沒有任何知識基礎，去培智學校會跟不上學習進度，於是去書店買來了各種數數、拼音和認字掛圖，每天工作完的閒暇時間，就拉著弟弟坐在板凳上，握著弟弟的手點著掛圖上的發音按鈕，弟弟學一句，她跟著糾正一句。

教一個智障兒童認字，真的比打發難纏的租客困難好多倍。有時弟弟情緒不好，會亂吼亂叫地把掛圖撕扯下來丟到一旁。這時小安就會緊緊抱著弟弟，拍著他的背，安撫他漸漸安靜下來，然後撿起扯壞的掛圖，用膠帶一點點地黏好，再重新掛起來。

在這種時刻，姐姐溫柔的撫慰再加一顆可樂味的棒棒糖總是能讓小男孩徹底平靜下來。

沒過多久，樓道裡又會響起姐弟倆的說笑聲。

打開門是殘酷的戰場，關上門就是溫暖的家

◇

在我住的那段日子裡，發生過這樣一件事。

有一天下班回來，還沒下樓梯，就聽到有人在大聲嚷嚷，在嘈雜的吵鬧聲中，我辨出有小安的聲音，走下樓梯，只見一群人圍著一個男人和小安，小安的臂彎裡緊緊環著的是自己瘦弱的弟弟。

詢問了身邊圍觀的人，才知道事情的來龍去脈。原來，這個租客說自己今天下班回來，發現放在房間枕頭下的五百塊錢不見了，而今天一整天，房東一家去市裡採購建材，為了多個人手拿東西，小安也跟著去了，就留下弟弟一個人在地下室的房間裡。

小安回來時，正看見那個租客大聲地質問著弟弟，他一口咬定，自己回來就看見這孩子正從他房間的方向跑過來。

畢竟除了房東和小安，平時能接觸到租客房間鑰匙的人也就只有她弟弟了。面對如此的質疑，小安弟弟哇哇大哭起來。他還不知道究竟這是怎樣一回事，在他的世界裡還辨識不出究竟發生了什麼，他只看見好多人圍著自己和姐姐，每個人說話聲音都還那麼大聲，而姐姐的手臂則箍得他生疼。他能做的只有哭了，是緊張、恐懼，還有惶恐的不知所以。

小安知道，她沒有辦法從弟弟嘴裡問出什麼，但弟弟連他們自己房間的門都不會開，又怎麼可能從一長串鑰匙中找到那個租客房間的鑰匙呢？於是，面對男人兇狠的搜身要求，小安不由分說地拒絕了。

租客急了，威脅說要報警，小安那雙又黑又亮的眼睛閃著堅定的光芒，說：「報就報，我們不怕你！」

　　男人便真的撥通了報警電話。派出所的警察，很快來到現場並展開調查。

　　在排查到小安和弟弟時，小安積極地配合了搜查，在他們的房間裡，警察什麼也沒有發現。

　　然而，在調查進行的第二天，警察發現丟錢男人隔壁房間的租客突然消失了。那人走得很匆忙，房間裡一片狼藉，在一片廢報紙下，警察發現了丟棄在地上的注射針管。

　　事情的結局是，丟失的錢沒有找到，那租客也搬走了。

　　之後在樓道裡遇到小安，她的眸子裡竟多了一絲絲的小驕傲。也許在小安心裡，這件事情之後，她對偌大的首都終於漸漸地生出了一種歸屬感，她堅信，她和弟弟總有一天不再是卑微的寄居者，在這裡她將可以靠自己的雙手勤勞工作，以後弟弟也將在這裡上學，一點點長成讓她自豪的模樣。

　　小安的驕傲，還不止於此，很快她就要做媽媽了。

　　那年逃離家鄉時，她就已經懷上了中年男人的孩子。在知道自己懷孕的那天起，小安便更加堅定了要在北京紮根的想法。

　　不久，我搬離了那個幽暗的地下室。

　　在新的一個住處，我能感覺到自己距離夢想的實現又進了一步。

而小安和弟弟還在那裡，繼續著他們的生活，一點點編織著屬於他們的夢。

◇

幾年之後，我偶爾路過世紀村社區，突然很想知道小安和弟弟現況如何，於是拐到那個防空洞。走下樓梯的那一刻，我看見第一間門緩緩地打開了，裡面探出一張熟悉的面龐，是小安，她還在那裡，只是比以前胖了些許，紅潤的臉龐上掛著意猶未盡的微笑。

我知道，那微笑的起點在門內。

吱呀一聲，門又被推開了，裡面搖搖晃晃地走出個小小的人兒，紮著羊角辮的小臉上掛著稚氣的笑，緊接著小女孩身後追出一個大男孩，嘴裡喚著：「寶寶、寶寶！」伸展的手臂圈住意欲「逃跑」的小女孩，一個不小心，自己摔了個跟頭，又是一陣笑聲。

我也笑了，目光對上小安揚起的眼睛。

那一刻，在那對依舊又黑又亮的眼睛裡，我知道，我看到了幸福的影子。

人生沒有白走的路，
每一步都算數

　　去一家公司談事時，在電梯口看到一個瘦瘦小小的女生走出來，一隻手抱著紙箱，另一隻手拿著手機打電話，聲音很小，但能看到她的肩膀在顫抖，大概是哭了。後來那家公司的人告訴我，她因為承受不了銷售任務的壓力，再加上生活成本太高，打算辭職回故鄉了。

　　女孩瘦弱的背影，讓我想起不久前外甥女曉雨打來的一通電話。

　　曉雨是我二姐的孩子，二姐去世後她一直跟著父親生活。可是，近兩年她父親也生了一場大病，長時間臥床不起，一度生活不能自理。

　　我和大姐心疼這孩子，攬下了她讀大學的費用和日常開銷。儘管我們都很關心她，可是因為工作太忙，加上我們各自都有家庭，所以只能儘量多用錢來表達我們對她的愛。

　　如今她大學畢業，一個人在烏魯木齊實習。可是，實習的單位都不甚理想，連續換了三家實習單位，待遇很差不說，每天工作時間都長達十幾個小時。

　　那天她打電話來告訴我，她和室友鬧翻了，打算再找房子，自己搬出去住。讓我感覺心酸的是，她在電話那頭向我訴說這些時，語調平穩，語氣淡然，好像在說的是別人事，聽不出太大的情緒起伏。

　　從二姐去世的那一年起，這個孩子就慢慢地變成了另一個人。曾經在媽媽的嬌慣下任性跋扈的小公主，慢慢地變得沉默寡言，現在到了實在走投無路的地步，才肯拿起電話向我求助。想到這些心裡一陣難過，我難以想像她這樣一個二十歲出頭的女孩子，在人生地不熟的

異鄉城市里，要怎樣獨自面對那些困難。

看到那個抱著紙箱的女生時，我真想過去幫幫她。

不只因為她讓我想起了曉雨，還因為她的難過和憋屈，我也曾經歷過。但是我終究不知道我能做些什麼，就像無論我和大姐如何努力想要幫曉雨擋住生活的苦，最終不得不面對生活的還是她自己。

◇

成年後，大多數人生活裡出現頻率最高的關鍵字之一就是：硬扛。

工作時遇到瓶頸期，諸多困難，諸多難堪，然而就算在心裡計劃了八百次的辭職，一想到還過得去的薪酬待遇，一想到每天下班回到家迎上來的妻兒，便也只剩暗自嘆氣了。

遠嫁他鄉的女孩，從此家鄉成了回不去的遠方，即使在婆家受了委屈，看著年幼的孩子、事業的起步，即使再大的委屈也只剩默默地忍受。即便恰巧母親打來電話問候，眼眶裡委屈的淚水不斷打轉，最終還是抱著電話對母親說一切都好，婆婆疼、老公愛、孩子懂事，沒有比這更幸福了。

成年人的選擇，是對是錯都得自己扛。

相戀了好幾年的姑娘，眼看著就要嫁給自己，對方父母卻一而再、再而三地提出要求，戀人夾在中間，心疼自己，卻又不好違背父母的意思，能怎麼辦呢？為了心愛的姑娘，也為了對得起這些年彼此的付

出，再苛刻的要求也只能盡力想辦法滿足，相信只要自己的心足夠誠懇，終能感動丈母娘，抱得佳人歸。

每個人都會從孩子變成成人，或成他人伴侶，也會成他人父母。從而在生活的磨礪裡學會擔當。

從前有父母，遇見再多再大的困難，他們的庇護和引導都是黑暗大海裡亮起的燈塔，總能指引著我們平安靠岸。然而，離開他們走向社會，一切便只能靠自己了。父母已老，肩膀已瘦弱，再不是小時可以庇護我們的威猛的樣子了。

所以，我們唯有自己扛起這生活。我想，每個人就是這麼過來的。

從此我們開始習慣了每天早起擠地鐵，習慣了在雨夜獨自撐傘回家，習慣了生病自己吃藥，習慣了故作堅強，也開始承認曾經的自命不凡只是年幼時的幻想。

漸漸地，生活幫我們看清了一個事實：或早或晚，生而為人，總會苦一陣，你可以選擇最先品嘗那些主旋律甜蜜美好的日子，盡可能把苦澀難耐留到後半生，也可以選擇早一些承受生活的磨難。

成人世界裡，沒有誰是特別容易的。

我們都只是普通人，只有一次次狠狠地磨礪自己，才能長出一身堅硬的鎧甲。

◇

前段時間，一段視頻在網上迅速傳播。視頻中，一個西裝革履的年輕人坐在疾馳的地鐵上，抱著自己的公事包，一面大口啃著麵包，一面強忍著眼淚，沒有人知道他究竟為何而哭，但看到這一幕，很多人都評論，彷彿看到了自己。

是的，成人世界裡的殘酷大多相似。

而那一刻，無論有多難過，都要硬撐著填飽肚子，因為只要沒死，就要繼續活。

日本動漫《銀魂》裡有一句臺詞這樣說：「等你們長大成人了就會明白，人生還有眼淚也沖刷不乾淨的巨大悲傷，還有難忘的痛苦讓你們即使想哭也不能流淚，所以真正堅強的人，都是愈想哭反而笑得愈大聲，懷揣著痛苦和悲傷，即使如此，也要帶上它們笑著前行。」

曾經，年紀小失戀了會茶不思飯不想，整夜哭泣難眠；現在，就算相戀幾年的愛人絕情離去，卻也要流著淚去廚房給自己下一碗麵，再加兩顆荷包蛋。因為，我們已經開始懂得，成人的世界只有好好愛自己，才可在不遠的將來收獲更好、更長久的愛。

以前，玻璃心，聽不得一句否定和批評的話語，稍受委屈，就懷疑自己、懷疑人生，覺得世界一片灰暗，人生沒有希望；現在，鋼鐵心，就算對方惡毒妄下評論，出口不遜，也選擇微笑著面對，因為在內心深處，知道自己是怎麼樣的人，也知道生活是自己的，不是活給任何

人看的，所以，不會逞一時口舌之快，惹彼此更不愉快。

　　過去，在工作中遇到挫折，第一反應就是憤恨抱怨，憑什麼這種事都落在我頭上，甚至悲觀地認為社會的本質就是不公平；現在，即便是受了天大的委屈，也會先想原因，為什麼和自己同一批進入公司的人能得到提拔，自己的工作業績卻不見任何起色？為什麼自己總是被分配去做雜活、累活，而別人卻可以接觸到項目核心？

　　這個世界，本就沒有公不公平之說，戰勝生活的永遠都是最強者。

　　能真正體悟到這些，大都是源於早早嚐盡人生的苦澀的人。

　　沒有人想要吃苦，苦難本身也並沒有什麼意義，可生活就是這樣，它從不照本宣科地傳授給你人生的道理，你要得到最寶貴的生存寶典，必須拿實踐來換取，誰都無法替代你。

　　◊

　　年少時，怕遇磨難，怕吃苦，恨不得自己的世界每天都被美好甜蜜所包圍，但生活沒有給我太多的選擇，它在我面前鋪展開一條生死未卜、大霧瀰漫又坎坷波折的小徑。背負著不多的行囊，我踏上這條小徑，從此風雨兼程，浮沉不悔。

　　如今，若問我如果生活再給我一次重來的機會，我是否還會選擇這條路？

　　我能聽見，自己心中肯定的回答。

　　這些年，我已漸漸認清了生活的真相，堅信美好溫暖的事情從來不會輕易發生，苦過之後才會珍惜獲得的甜。

　　如果生活也給你，或即將給你一個選擇的機會，我願你選擇早一些嘗到生活的苦。

　　在人生畫卷鋪展開來的最初筆觸裡，去體悟人生中刻骨銘心的苦與痛，用最濃重的色彩去渲染年輕稚嫩的生命，然後在接下來的人生裡，你就能享受那些用苦痛換來的豐碩果實，享受快馬加鞭的快意人生，享受那雲淡風輕的朗朗晴空。

　　所以，不要因為未登上頂點就停步不前，也不要因為膽怯就逃避過往。

　　無論生活給我們怎樣的暴擊，只要我們堅定地走好腳下的路，總有一天時間會給出個說法：人生沒有白走的路，每一步都算數。

走過的歲月，
都是我最好的時光

如果時光倒退二十年，我斷然想不到，有一天，我會成為一名主持人。

那時的我，在修車，大日野、五十鈴、卡馬斯……這些輪胎，連同那些貨車排放的嗆人廢氣，占據了我少年到青年的大部分時間。

慶幸的是，我的生活中還有一些奇妙的東西在牽引著我。它們，來自於我枕邊的小小收音機，那無數個難捱的夜晚，若沒有它，會讓我寂寞疲憊到窒息。

一開始，是消遣；後來，就成了深的依賴。從裡面傳出的聲音，為我灰暗的世界打開了一扇窗，我在這裡獲得知識，也獲得樂趣，同時還充滿了嚮往。

每天天還沒亮，我就穿好衣服，拿著收音機到戶外去了。因為當時，室友們多半還在夢鄉；晚上收工後，我又會打開收音機，近乎瘋狂地傾聽著。

那時，工友們都覺得這樣的我個性不合群。確實，除了聽廣播，我無任何其他愛好，我不會參與他們的打牌，更不會參與他們的喝酒。在他們眼中，我是個十足的異類。

現在想來，那時的狂熱，才成就了現在的我。

現在想來，那時的狂熱，才成就了現在的我。

◇

　　二十六歲那年，當青春只剩下最後一段旅程時，我終於決定離開故鄉，來到只在收音機裡聽過的北京城，開始追逐我的播音夢想。然而，生活的殘酷和嚴峻，遠比余華的小說《在細雨中呼喊》的開頭更具猙獰的張力。

　　經過艱苦地努力，我終於考上了中華女子學院的播音大專班。然而，學校只有女生宿舍，原本就不大的校舍根本無法騰出一間房給我這個男生居住。

　　幾經周折，我才在學校附近租住到一個即將拆遷的破舊的社區裡。如今，那裡已是一片別墅區，豪華氣派的別墅群裡，出入的人非富即貴，可在當初，那裡是一片荒地，毫無人氣，沉寂得足以讓人心灰意冷。

　　我住的是一間地下室，每個月房租兩百塊錢。裡面陰暗而潮濕，沒有窗戶，終日不見陽光。等我一年後搬家時，掀開床鋪看到地面角落邊長出一小撮蘑菇；洗過的衣服，晾曬了幾天還是濕漉漉的；在陽光下曝曬過的被子剛鋪到床上不久，就又會泛出濕答答的感覺。

　　為了避免生病，每天入睡時我都用雙手墊在身體最脆弱的腰部，這個習慣直到搬進樓房很久後才改掉。

　　當時最大的、最直接的渴望，是能搬到地面上。

　　精神食糧，是大於物質速食的，我可以做到一瓶豆腐乳外加兩個饅頭飽餐一頓。卻無法做到，在夜裡挑燈看書時，忍受那些來自於隔

壁間的鼾聲、放屁聲，以及床笫之歡聲。

那些年，對聲音的熱愛支撐了我的全部。

幾乎所有的時間，我都用在練聲、追求吐字發音的規整上。除此之外的時間，就是閱讀文學書籍和讀寫英語。即便如此，追夢的人生也算得上愜意而充實。

◇

三十歲那年，經歷了競爭激烈的筆試、面試，我終於幸運地成為了國家電臺的一名主持人。我希望用聲音傳遞溫暖和感動的夢想似乎已經實現了，但很快，我就明白要想成為一個合格的主持人，我需要努力的還有太多太多，我的路還很漫長。

最初的廣播生涯，是二〇〇三年在都市之聲做一檔早間音樂節目。

因為是全頻道的第一檔節目，早上五點上班，五點半開機、試線，調試設備，儘管會有相關的技術人員，但作為第一檔節目的主持人，還是要做相關的輔助工作。為了不遲到，我每天定三個鬧鐘，分別是在凌晨四點十分、四點二十分、四點三十分。最常做的夢就是遲到，每一次從夢中驚醒都伴隨著陣陣驚悸和滿身的汗水。

這些，還只是困難的一部分。

那時，我還常常因為直播稿件不能通過上司的審閱而自卑。印象最深的一次，是我的一篇三千字的直播稿件，竟然沒有一個完整的句

子通過，稿紙上畫滿了記號。我躲在衛生間裡一遍遍地用水洗臉，生怕別人看到我的淚水。

搭檔做節目時，我還常常因為沒話說而處於尷尬的境地。

在我眼中，其他主持人總有一些新的想法，可以讓節目好聽又有資訊量，他們做的預告片時尚又大氣，很得聽眾的喜愛；而我，除了有一副自認為還不錯的嗓子，一無是處。

我意識到，做主持人，光有一副嗓子，還遠遠不夠。於是，工作之餘，我把全部的精力都投入到進修當中，不怕起點低，怕的是自我放棄。

幸而，我還沒有放棄。

◊

這些年，我在中央人民廣播電臺，先後主持過新聞資訊節目，音樂情感節目，生活服務節目。

二〇一三年，上司安排我做讀書節目《品味書香》的主持人。

這檔節目曾經幾易其主，大概是因為忍受不了做讀書節目案頭工作的繁重以及與做娛樂節目相比受眾的稀少。於我，卻是欣喜的，一直以來對於閱讀的喜愛，和因為閱讀對我人生的改變，讓我下決心接下了這份工作。

一週六天的工作量，每天將近十個小時的工作強度，卻讓我覺得

前所未有的充實。從與出版社對接，到確定書目，聯繫作者或者編輯，製作預告片，再到完成稿件，進入直播。過程繁多，卻也樂趣多多。

　　節目，在每晚的九點播出，十點結束。每次完成節目，走出電臺大樓，一種踏實感就充盈在心間。我知道，因為我的付出，會讓一些因為生活匆忙而沒時間翻開書本的人獲得精神食糧，白天，他們為生計奔波，但在夜裡，他們可以給思想一次饕餮，雖然我的影響力有限，可是終究會有些幫助的。這檔節目，也愈來愈受大家的喜歡，並獲得了多個獎項。這欣慰，是無法用言語來形容的。

　　◇

　　常常有人問我，你最好的時光是什麼時候？

　　我說，人生中沒有哪一段時光會比另一段更好，走過的歲月，都是我最好的時光。我在其中掙扎過、努力過，哭過、笑過，無論哪種狀態，它們都是獨屬於我的記憶。

　　如今，我還是會常常想起十七年前，我剛來北京的那天，背著行囊走出車站的那一刻，在我身邊有很多年輕又熱血的青年，和我一樣躊躇滿志地走出月臺，他們大口呼吸，攥緊拳頭，充滿鬥志……。

　　十七年裡，我見證過很多人離開這座城市，因為房子、生計、前途；也見證過很多人來到這座城市，因為理想、因為年輕、因為渴望改變的心。

這座城市，總有翻船觸礁的故事在發生，也總有新的燈塔亮起……。

這座城市，總有翻船觸礁的故事在發生，也總有新的燈塔亮起……。

生活中的微光

* 不要怕跌入谷底，只要你肯站起來，邁步向前，重新出發，你會發現，無論你往哪個方向走，都是在朝上走。

* 縱使命運總愛捉弄世人，但它永遠不會辜負一顆一生向上、一生向善的心。

* 你挺過了，人生會豁然開朗；挺不過的，時間也會教你如何與它們握手言和。

* 既然已經遲了那麼多年，那就比別人付出更多的努力吧。

* 苦難是人生的墊腳石，對於強者來說是筆財富，身處苦難，你承擔了，戰勝了，你必會成長。

* 這世間沒有那麼多的順風順水，也沒有那麼多的厄運連連。

* 砸在地上的汗水是真的，落在心上的淚水是真的，它澆灌出來的果實也是真的。

＊ 在人生畫卷鋪展開來的最初筆觸裡，去體悟人生中刻骨銘心的苦與痛，用最濃重的色彩去渲染年輕稚嫩的生命，然後在接下來的人生裡，你就能享受那些用苦痛換來的豐碩果實，享受快馬加鞭的快意人生，享受那雲淡風輕的朗朗晴空。

＊ 無論生活給了我們怎樣的暴擊，只要我們堅定地走好腳下的路，總有一天時間會給出個說法，人生沒有白走的路，每一步都算數。

＊ 我們都只是普通人，只有一次次狠狠地磨礪自己，才能長出一身堅硬的鎧甲。

＊ 人生中沒有哪一段時光會比另一段更好，走過的歲月，都是我最好的時光。

＊ 這座城市，總有翻船觸礁的故事在發生，也總有新的燈塔亮起……

CHAPTER 03 /

全力奔跑，
你才能和生命中最美的際遇相逢

時間流逝，無論我們如何表現，

請別忘記，正是過去的自己成就了現在的你。

還記得年少時的
那些歌嗎

「還記得年少時的夢嗎？像朵永不凋零的花，陪我經過那風吹雨打，看世事無常，看滄桑變化……」

陪伴你走過最美好年歲時的那首歌，你還記得嗎？如果那麼熟悉的旋律再次響起，你的腦海中會浮現出誰的臉龐？

總有那麼一些歌，在經歷時間的變遷和時代的洗禮後，會愈發迷人，吸引著一代又一代的歌迷們為之沉醉。

尤其是在朱顏翠髮的純真時代，敏感多情的男孩女孩們，在歌聲裡尋找共鳴，表達自己心中動人的情愫。還記得，二○一○年「小虎隊」出現在春晚舞臺上時，我的一個朋友告訴我：當聽到當年百聽不厭的旋律重新響起，看到三個人一起跳起當年的舞蹈，他一個四十多歲的大男人，竟然情難自己，流下了激動的淚水。

我想，歌聲響起的那一刻，他絕不是唯一一個對著電視螢幕淚流的中年人。

◇

一次，結束了一天工作的我，坐在回家的計程車上。午夜時分，開著窗讓涼風輕拂我的臉，這時司機大哥打開音響，鄧麗君的歌聲響起，他就跟著哼唱起來。幾首唱罷，他告訴我說，自己從小就特別喜歡鄧麗君的歌，這些年這些歌不知聽了多少遍，每次聽，每次的感覺還是一樣新鮮，開車也沒那麼疲勞了。

　　我閉上眼，讓鄧麗君甜美的歌聲輕輕包圍我，並牽引著我的思緒飄出窗外，飄回到了那個封存在記憶中，卻永不會遺忘的美好年代。

　　那年我上初二，當時正是流行歌曲的黃金年代，特別是來自臺灣的歌聲，讓我和我的同學們如癡如醉。情竇初開的曼妙年華，這些吟詠愛和生活的歌，字字句句都唱出了少男少女們汩汩流淌的心事。含蓄羞澀的年輕人，不敢去大聲表白，卻無法壓抑唇齒間溢出的心事，於是便用歌聲表達出來。

　　新學期開始不久，我們班來了一名插班生。他是從上一屆到我們班的，比我們顯得高大的同時，穿著也帥氣，並且他還會唱很多令人迷醉的港臺流行歌曲。趙傳的那首《我很醜，可是我很溫柔》，我第一次聽到的就是他唱的版本。

　　幾乎每天課間休息，我們都會聽到他唱起這首歌，有時是低聲哼唱，有時是大聲唱出，那句：「我很醜，可是我很溫柔，外表冷漠，內心狂熱……」

　　剛開始同學們並沒有覺得奇怪，只是以為他很喜歡這首歌，可日子久了，大家發現了一些端倪：有一次放學後，大家都三三兩兩結伴離開教室，最後走出門的幾個女生看見他坐在自己的座位上，眼睛看著正前方，又唱起了這首歌，而少年如炬的目光盡頭，是坐在前排的一個女孩的背影。

　　歌聲裡，女孩低著頭，整理著書包，從耳根紅到了脖子。

所以，那天之後，全班同學都知道了這首歌是唱給誰的。

在那樣一個保守的年代，女生自然是沒辦法對男孩的傳情表達任何回應的。她只是默默地聽著，一如既往地做題目，和其他女生說話遊戲，盡量不跟那個男生有太多的接觸。

但男生依舊為她唱著歌，一首接著一首。

那時候年少的我，覺得世間最美好的感情不過如此。

在那樣一個輕輕淺淺的年歲，少年將心事含在嘴裡，藉著他最愛的歌曲，吐露給心愛的女孩，無論她能否聽懂，是否會接受他的心意，只要每天都能看到她，每天都能唱歌給她聽，就是最大的滿足。

◇

美好的時光總是流逝得太快，歲月輾轉，流年搖曳，很快大家都各奔東西，走上了新的人生征程。離開新疆之後，我漸漸失去了同學的聯繫，偶爾想起這段往事，也只是唱嘆時光飛逝，只願有情人終成眷屬。

去年，一個偶然的機會，我和那個男同學恢復了聯繫。電話裡，我邀請他來北京玩，他欣然答應。

沒過多久，他就帶著妻子和兒子從新疆來到北京。再見面，少年轉眼添華髮，而他身邊站著的妻，也不是當年的那個女孩。不過，他們看起來是那麼的快樂，那麼的和諧，舉手投足間可見幾分夫妻相。

情竇初開的曼妙年華，這些吟詠愛和生活的歌，字字句句都唱出了少男少女們汩汩
流淌的心事。

其實我並不驚訝，物是人非，人之常情罷了。

他們的故事說來也普通，年少時還有很多人就算愛得轟轟烈烈，最後也沒能走進婚姻的殿堂，更何況是一段欲說還休的暗戀往事呢？

只是，我心中還存有疑問，彷彿是我心裡的一個少年夢。

於是，在他妻子不在場的時候，我忍不住問他，是否還記得當年為前排的那個女孩唱過的歌，趙傳的《我很醜，可是我很溫柔》？

他笑了笑，認真地看著我說：「是嗎？我不記得了，你是不是記錯人了？」

這個答案，出乎我的意料。這樣的感情沒有結果，我可以理解；可完全忘卻，不記得那個人的存在，這可能嗎？

當時的我，覺得很是不可思議。

不過，之後細想，也許世事變化，歲月流逝，這些年他經歷過太多事，瑣碎的生活終將他年少時的絲絲情愫消磨殆盡。

在我內心深處，我是一直期待著另一個答案。或許，是對我年少時光記憶美好的一種追索，無關乎他或者她。

他說忘記了，或許也不一定是真的忘記了。就算記得，或許也不願對老同學提起，只是選擇將那份美好深深地壓在心底，封存起來。

◊

前兩年，趙傳來上我的訪談節目，我就跟他說起了這件事，他聽

了之後唏噓不已。

他說：「我很高興，我的歌曾經伴隨著你和你的同學們度過如此美好的少年時光，我也覺得歌聲是最好的表達感情的方式，我唏噓的是故事中的這個男孩愛而不得的心情，還有若干年之後，他選擇了忘卻這段記憶。」

其實，記得又能怎麼樣呢？聚散苦匆匆，往事早已成空。

在我們每個人心中都有一個無法忘記，卻不得不忘記的人。時光荏苒，我們不再回憶，不再提起，甚至不願再見到那個人，是害怕時光無情的烙印改變了那份美好。但是，只要一想起這個人曾在我們生命中留下的痕跡，那份最初的感覺，永遠不會變。

為了用一生留著那一抹美好記憶，我們能做的，就是忘記，然後轉身離開，走入人群。

而那些老歌，每一個唱起的人，都會想起心中藏著的一段故事。

最初，我們唱給另一個人聽；後來，我們和愛的人一起唱；最後，我們把那些人，那些事，那些溫柔的過往，全部揉進那首歌裡，然後唱給自己聽。

致敬那個心中有夢，
不甘平凡的你

在一個人的生命中，必定會有那麼一個人或者一些人，永遠存活在記憶裡，一輩子難以忘記。他，或他們，潛藏在心海深處，從不會刻意想起，但也永不會忘記。

十六歲那年，身邊很多同學響應號召加入了招工大軍。我知道，家裡沒有太多錢供我讀書，為了減輕哥哥姐姐的負擔，我決定早點開始工作。這樣每個月都能有固定收入，養活自己，也能貼補家裡。於是，我很快告別校園，進入了汽車修理廠，開始了我人生中第一份工作——修理工。

在這裡，我遇到了老章。

其實老章不老，我剛認識他時，老章才二十八歲，只是站在我們這群十幾歲的毛頭小夥兒們旁邊，老章就顯得格外沉穩，論資歷，他也是我們的師傅。

第一次見到老章時，他正在班組休息間裡讀一本書，那專注的模樣和我印象中滿身油污的修理工不大一樣。那時的老章，是廠裡人人羨慕的榜樣，因為他一邊修車，一邊自學考取了大專學歷，這在當時的廠裡，算是很高的學歷了。其實，修車哪裡需要什麼高學歷，誰都知道，老章的目標很明確：他要早日擺脫這一身油汙，走向管理崗位，實現自己的抱負。

修車的閒暇時光，我們總能看見老章手裡捧著本書在看。有時是文學名著，有時是管理學知識，工友們都佩服他，聚在一起聊天時，

也都說老章以後肯定能當官。

這，也是他這個外來工唯一的機會。

剛進廠時，上司安排我跟著老章做學徒。那時，老章對我很照顧。修車是個又髒又累的活兒，誰都不願意多幹，只要廠裡來了新人，老員工總是想著辦法的「欺負」新員工，比如在驕陽似火的夏天，把髒活交給新員工，自己跑去一旁乘涼抽煙；而到了寒風刺骨的冬天，就會把自己幹完活沾滿機油和穢物的油手套、工作服交給新員工去洗。

老章就不會這樣，他幹起活來勁頭十足，毫無怨言，對我也關愛有加，說我年紀小，太累太苦的工作他自己能幹。

◇

進廠的時間久了，我跟老章也慢慢熟絡起來，我們聊的話題，逐漸多起來。

一次，我看到老章在看一本《演講的藝術》，覺得挺有意思，就走過去問他：「書裡講的東西有用嗎？」老章笑了笑說：「會說話對一個人的幫助很大，很多人都是靠自己的一張嘴改變命運，光讀書沒用，還得說得出來。」

當時的我，還不知道自己以後真的會如老章說的那樣，憑一副嗓子可以走出修理廠，只是覺得老章很有一番見識，心裡又對他佩服了幾分。從那之後，老章又有了什麼好書，總會來問問我要不要看。

荒涼的戈壁，朔北的烈風和布滿油污的工作服，都沒有磨滅老章對生活的熱情和樸實的善良，他對自己的未來充滿希冀，而年輕的我也在老章的影響下，慢慢地在心裡播種著一顆夢的種子。

　　想要憑藉一己之力，在規則遍布、人情複雜的國企內平步青雲，談何容易？沒有強大的背景支持，一般人晉升無門，更何況是老章這樣一個普普通通的外來打工者。

　　所以，和老章同一批拿到大專學歷的人都陸續升職了，或者是廠裡的技術員，或者是其他的行政崗位。然而，老章雖是他們中最有才、修車技術最好的一個，卻還是在原地不動。

　　廠裡，上上下下都對老章的人品讚賞有加，按理說，老章進入廠裡的技術部門再合適不過了，前任廠長也曾許諾過，說一有位置空缺下來，就會考慮老章，但是這承諾隨著他的調走，技術部門收歸公司技術處所有，漸漸成了一句空話。

　　就這樣，一年一年的蹉跎而過，晉升名單上始終沒有出現老章的名字。

　　和他一起進廠的員工，那些某某領導的兒子，在基層「鍛鍊」了幾年後，都很快坐進辦公室。有人也曾提醒老章，要想升職，就得給某某領導送禮，可老章說：「我行得端，坐得正，不走那歪門邪道，而且我邊工作邊讀書的目的，就是為了憑自己的能力晉升，讓大家看看，在咱們廠，不走後門也能有好的出路。」

但現實一次次地打擊著老章。

漸漸地，老章不再想晉升的事情，也不再跟我討論書裡的故事了，廠裡的員工只要看見老章拿著本書，就會開玩笑地說：「老章，你看那麼多書有什麼用？能當飯吃？」老章聽了也不說話，只是轉身走開。

再後來，大家漸漸發覺老章手裡的書不見了。

三十多歲的老章，慢慢駝了背，頭髮也有些白了。

後來，老章家遭遇了一些變故，父母長年生病，家境愈發窘迫，妻子也跟他離了婚，帶走了孩子。

終於，那個曾經意氣風發，談笑風生的老章不復存在，庸碌瑣碎的工作，吞噬了他的鬥志；而我的夢想之芽，卻在這淤泥油污間悄然茁壯起來。

◊

廣播，為我慢慢開啟了一扇通往外面世界的門，漸漸地我望到了一個無垠的世界，那裡絢爛明亮，充滿勃勃生機。

一天，我們一起幹完活之後，坐著休息時我對著默默無語發呆的老章，深吸一口氣，說：「師傅，我想離開修理廠。」

老章頭也沒抬地說：「你能調去哪裡？這破公司，你沒有關係，在哪工作都一樣。」

我搖搖頭，努力壓抑住聲音裡的興奮說：「不是，我要離開公司，

離開新疆，我想成為一名真正的職業播音員。」

　　老章看看我，苦笑一聲：「你小子又做白日夢了，誰沒有個夢想，可是又有幾個人能輕易實現呢？別傻了，安於現狀吧，別想那麼多了。」

　　我還想繼續說下去，可是老章卻沒有繼續談話的意思，起身離開了。

　　也是從那一刻開始，我知道我和老章註定要走上不同的人生道路。

　　那一年，二十六歲的我在家人的支持下，買斷了工齡，拿到了一筆錢，整理行裝，北上追夢。那一年，三十八歲的老章，卻活得愈發像個影子，臨行前告別工友們時，我試著在人群中找尋老章的身影，卻無處可尋。

　　十幾年的尋夢途中，我時不時會想起老章，想起他穿著工作服、拿著書看著我微笑，想起他曾和我討論十年後我們各自會成為怎樣的人，想起他微微駝背的身影漸行漸遠……我很想，再見老章一面。想知道他現在過得怎麼樣？

　　在北京穩定下來之後，我曾試圖托人找過老章，曾經的朋友告訴我，我買斷工齡那年，不久老章也買斷工齡離開了修理廠，但他沒有告訴大家自己會去哪裡，也沒有再聯繫過曾經的同事，大家也就慢慢地忘記了他這個人的存在。

　　這麼多年過去，我已步入了中年，老章也該變成名副其實的老章了吧。雖然，我無從知道他的現狀，但這些年在很多人的身上，我都

看到了曾經的老章。他們，也曾有夢、有愛、有勇氣，但迫於生活壓力，選擇了一條曾經看似輕鬆的生活道路，在朝九晚五間穿行於人海，每天上班、下班、回家、吃飯、睡覺，年輕時滿身的稜角連同一腔激情，漸漸被日復一日的平淡生活消磨殆盡。

曾經的夢想，早已不見蹤跡；曾經激昂的少年，也早已不復再見。

◊

曾有年輕的聽眾給我留言，說很羨慕我的幸運，能從事自己最初嚮往的職業，就算過程再艱辛，只要能在自己所熱愛的工作領域奮鬥，也甘之如飴，在所不辭。

每當看到這些話語，我都會沉默。

追夢的路途哪有什麼幸運可言，只要不是含著金湯匙出生，每個人的成長之路都是無數的磕磕絆絆。

只要有想要追尋的東西，就註定前程不會一帆風順。黎明的寒星、似火的驕陽、濕透的衣襟、咬破的嘴唇，都在一一見證著每一顆追夢途中不願妥協的心。

啟程赴京前，曾有不少故鄉親友質問過我，有沒有想過退路何在，夢破碎了怎麼辦？說實在的，我沒有想過，雖然心懷不安，但我知道，人生有捨才有得，不揮別往事，我就永遠沒有機會開啟人生的新篇章。

很多人都掙扎在現實與夢境的邊緣，心有迷茫卻不甘心就此放棄。

「我想考取重點大學的研究所，可是父母覺得我不是那塊料，肯定考不上，勸我早點工作。」

「我愛的人和我相隔千里，身邊人都覺得我們最後肯定會分開。」

「現在從事的工作不是我想要的，可是我又不敢丟下一切重新開始，怕最後終是一場空。」

我想說，我見過一邊工作一邊複習，考了六次研究所，最終考取心儀學校的孩子媽；也知道一段堅持了七年的異國戀，最終攜手步入婚姻殿堂的佳話；身邊更不乏放棄了故鄉安穩的生活，毅然奔赴遠方尋求職業新方向的朋友。

所以說，所有的果實在成熟之前都是苦澀的。

人生不過幾十年，只要心裡還有一絲光亮，就循著它的方向去吧。如果無論如何努力也到不了你最初嚮往的目的地，也沒關係，那一路的收穫也必定是盆滿缽滿。

而對於無跡可尋的師傅老章，我心裡一直有一段話想對他說：我寧可相信你與我同一年離開修理廠並不是巧合，雖然你帶著失意離開，但離開那個靠規則運作的公司，對我們來說無疑是正確的選擇，離別時你的人生還未過半，一定還有新的轉機出現。你是愛看書的老章，你是心疼我被冷水刺痛手的老章，你是會說話的老章，你是心中有夢、不甘平凡的老章……你，永遠是我的師傅老章。

你是個好人，好人一定會一生平安。

只要有想要追尋的東西，就注定前程不會一帆風順

在北京，
一個人住的十一年

　　下班回家，屋裡永遠沒有燈光，永遠沒有迎面而來的噓寒問暖；通訊軟體長亮，望著一大堆陌生的名字，誰也不理；經常的消遣是喝著啤酒聽著音樂，一動不動。

　　洗澡水突然變涼，凍成冰棒跑去調水溫、最怕上完廁所發現手邊沒紙、速食店裡悶頭大吃的自己、想說話時就對著牆，或者跟自己說：「SHUT UP!」

　　身上最重要的東西是鑰匙，家裡最重要的東西是鬧鐘；生病是重度魔障，是唯一想離開這個世界的時候；跟同事喝酒，聽同事大哭著說失戀，心裡很亂，不知道該想起誰。

　　節日，永遠像一場災難。

　　住著別人的房子，總覺得這不是自己的家，偶爾過年回到新疆，在大姐、姐夫身邊，心裡像鬆了一口氣，自在又踏實，但是沒過幾天，就開始懷念那個窩，變得心神不定。等再回去時，心裡也貌似鬆了一口氣，自在又踏實。這真是一種奇妙的感覺。

　　套用漫畫裡的語言：「我在這小屋裡或為了一些無謂的事情煩惱，或因為一件小事就覺得很幸福，或一個人喝得酩酊大醉，但同時也因此一點一點地成長了。一旦要離開時，我還是會很捨不得。」

　　一個人住的十一年，每天的生活都像是在重複：一個人走在喧鬧的街上，一個人走在深夜的街上，一個人在計程車上睏得靠在門邊，一個人在雪地裡摔倒又爬起。

只是月圓夜冷時，我仍是一個人。

花開了、花謝了，下雨了、雨停了，風起了、雪飄了，天好藍，湖水好清涼，只是月圓夜冷時，我仍是一個人。

　　這個城市有兩千多萬人、這個城市離婚率超過一半、這個城市有幾百萬的男女獨自回家⋯⋯而我，只是其中一個。

　　◇

　　每天上午，我洗澡出門，直到凌晨時分回家。穿過長長的街道，坐公車、換地鐵，帶著一身的疲憊和陌生的自己回到蝸居的房子。從地下室到老樓房，再到貸款買的房子，變的是蝸居的地方，不變的是永遠的一個人。

　　一個人住的十一年，不是一個生存狀態，而是，一個心理身分。我和我的，十一年的孤獨，是一點點消除隔膜，像找到了翻譯一樣，彼此對話，彼此契合。

　　有一次被人問到，你一個人在北京那麼多年，是怎麼度過的？

　　我想了想，其實也想不出具體的痕跡來，就是一步一步，沒有猶豫也沒有激進，就這麼過來了。當初憑著激情，憑著對遠方的嚮往，後來是生存，如何生存，再後來就是⋯⋯習慣了。

　　最初的自己，與任何人相處，都不會過分親近，距離會讓自己舒服。後來，也有因惺惺相惜相處融洽的同學，會一起憧憬未來，也會一起把酒言歡暢聊人生。只是，畢業後，我們漸漸失去了聯絡，曾經

說好的要常聚，最終也不了了之。之後，我的人生徹底走進一個人住的時光。

　　是二〇〇三年的六月，我們畢業，我們也各奔西東。我通過了央廣的招聘考試，開始躊躇滿志地在南禮士路附近找了一個房間。房子，是老舊的，屋裡也是極其簡陋的，一床一桌、一把椅子、一台破舊的電視，再無他物。租金卻不便宜，但因離電臺近，卻也是個不錯的選擇。就此，我一個人住的時光真正開始，房子還沒有收拾停當，工作就鋪天蓋地襲來。

　　◇

　　那年，和我一起經過層層選拔進電臺工作的播音員，一共有八位，除了我之外，其他七位都曾在地方電臺有過豐富主持經驗，並且他們也比我年輕，很早就進入廣播領域，無論是麥克風前的狀態還是節目的策劃能力都比我更好。那時，我常因為和他們在節目中對不上話而感到尷尬和自卑。

　　幾個月後，上司找我談話，告訴我，因為我能力有限，頻道不能為我解決身分問題，上司委婉地說，現在我可以多去找找外面的機會，為自己的下一步做打算。

　　我還記得那天，是二〇〇三年八月十三日，正值北京的盛夏，我從真武廟二條的電臺大樓裡出來，拖著沉重的腳步一點點地挪回到出

租屋，汗水混著淚水模糊了我的雙眼。

　　為了能保住電臺的工作，我主動從之前的節目組退了下來，跟上司提出去做誰都不願意接手的早間節目，主管上司提醒我，上早班是一件苦差事，承擔的責任重大，而且這是中央台，不能有一絲一毫的鬆懈，三秒的空播就算事故了，曾經有好幾個早班主持人就是因為責任心不強，出了空播事故而被開除。但是，對於當時的我來說，沒有選擇，也沒有退路。

　　早班節目，要從五點開始試線播出，所以四點不到我就要起床。為了不遲到，那時我的床頭永遠放著三個上好發條的鬧鐘，儘管如此，那時我還天天做夢，夢到自己遲到、夢到自己因為空播被開除了。

　　從小，我就不是一個聰明的孩子，大姐常常對我的鼓勵就是「笨鳥先飛早入林」。所以，我知道只有加倍的努力，才能抵達自己要到的高度。

　　那時的我，會準時收聽其他台的類似節目，別的主持人如何表達、預告片如何做才能時尚大氣，還有他們的經驗和優點，我都一一記錄下來。慢慢地，我的節目也受到了愈來愈多聽眾的喜愛。三個月後，在聽眾的滿意度調查中，我的早間節目竟然比很多重點時段節目的評分還要高，連上司都覺得有些意外。

　　那天，我在社區附近的飯館裡大吃了一頓。異鄉歲月，也唯有美食能撫慰一顆孤獨的心。

◇

其實，後來回望下初來北京的那幾年，我的確對自己太過苛刻。記得，起初貧窮得捉襟見肘的時候，工資留出房租來，吃飯都要精打細算；也沒什麼娛樂，上班時候忙得不可開交，忙完就到了後半夜；也沒有什麼朋友，同事週末的聚餐也很少參加。偶爾犒賞自己吃頓大餐，也就是附近的一家火鍋店了。

關於一個人的生活，好像總是和食物有關係。大概在一個龐大又孤獨的城市裡，食物可能比人心更容易讓人感覺溫暖。在不開心的時候，就到飯館裡大吃一頓，彷彿吃完，那些煩惱就被暖融融的口感給沖淡了。

而家，只是一個睡覺的地方。

但儘管如此，它還是能給我一種安全感，讓我安放疲憊的身體和心靈。它見證過我的落寞和傷懷、見證過我在暗夜裡的失落和掙扎、見證過我的愛恨糾纏。

一個人住，有什麼意義？想來，就是你漸漸會忘了自己從哪裡來，也不在乎要到哪裡去。沉浸在每一個與自己獨處的時光裡，感受著最安寧的思索，會關心起很多生活的小細節：種的盆栽植物發了芽、窗外的陽光幾點最是劇烈、在床上的哪一個位置睡得最舒服……還有，就是生物鐘會變得愈來愈精准，不被任何人影響，按照自己的鐘點睡去又醒來。

一個人住的午夜，會覺世間靜好。

　　讀書或看電影到夜深人靜，拉開窗簾看月色照著沉沉黑影，發現千家萬戶的燈已經闌珊零落。穿鞋、下樓，去社區緊鄰的一條小路散步。這條路原是條荒徑，旁邊有條小河湍湍而流。白天，因為有所大學在旁邊，人和車川流不息，但一入夜便極靜。我慢慢地走著，空氣裡有初秋的花香，稀落的蟲鳴。歲月，原來也有如此靜好的時刻。

　　我的單身時光，在北京獨自生活的第十一年結束。二〇一四年，我和我的妻領證結婚。

　　從此，午夜下班後，我的內心不再空落，我知道，在這城市的某一個角落，有一盞為我而亮起的燈，讓我的內心不再孤獨和迷惘。

沉浸在每一個與自己獨處的時光裡，感受著最安寧的思索。

我在凌晨兩點的
北京街頭穿行

這些年，很多人都是通過一檔在午夜播出的節目結識了我的聲音。多少個夜晚，從零點到兩點，身處城市各個角落的人們循著我的聲音，通過電波或網路彼此陪伴。

或許是因為在夜色的掩映下，人們卸下一天的疲憊，心事也柔軟了幾分，所以那些低語傾訴才可以穿過城市的高樓大廈，越過奔流不息的街道，到達看不見的心靈深處。

電波中，我以我的真誠撫慰他們的心緒，他們也回饋我以溫柔的信任，於是在喧囂落定後的都市森林裡，我聽到有人寂寞地嘆息、有人不解地追問，也收獲了許多在暗夜中才會綻放的心事。這是一種很奇妙的感受，我們從沒有見過面，卻默契地相約在這樣一個特殊的時間裡，交付心情，相互取暖。

凌晨兩點的鐘聲響起時，我摘下耳機，關上麥克風，走出直播室，走入凌晨兩點的北京街頭。此時，才真正擁有了我自己的時光。

夜晚的北京，彷彿是另一個平行世界，在街燈的點綴下，它好像在與我對話，將那些隱藏許久的故事娓娓道來。凌晨兩點，平日擁堵的街道此時變得暢通無阻，空蕩蕩的街道在夜幕的襯托下顯得更加寂寥，此時大多數人都已陷入夢鄉。

◇

我一直覺得，當絳色夜幕覆蓋了鋼鐵與水泥之後，一個城市才會

展露出它最原始的特質。

　　兩點零五分，招來計程車，開始載著我朝家的方向前行。家，此時成為最好的歸宿。

　　記得初到北京時，我對家的需求，就是一間能遮蔽風雨的棚宇，一張自在坐臥的床鋪。後來，我的住處變換過很多地方，從最初的朝陽，到後來的東城、西城到海淀區、豐臺區，幾乎穿越了大半個北京城。住處的變換間，深隱著的是些許無奈和幾分期待。

　　印象最深的，是那次搬家過程中遭遇的不大不小的「事故」：那時房東要漲價，不得已，我只能另覓住處。白天大家各有所忙，搬家只能在夜晚進行，朋友幫我打包好後，我們倆就汗流浹背地把行李搬到一個三輪平板車上，然後騎著車往新的住處趕，不料，路上竟然出了車禍。

　　晚上十點多的北京街道，依舊是人來人往，車水馬龍。朋友蹬著三輪車，我在後面扶著行李，經過一個路口時，一輛計程車突然右轉，我們的三輪車一時來不及煞車，撞了上去。司機下車後，查看了車的受損情況，手一攤，告訴我們至少要賠三百塊，否則誰也別想走。

　　那會兒，我們都還是窮學生，沒有錢，也自知理虧，只好實情相告，苦苦哀求司機高抬貴手，他聽完我們的話，沉默了一會兒說：「唉，看你們也不容易，那我自己想辦法吧，你們走吧。我這一天算是做白工了，扣掉禮金、油錢，這修車還得再花幾百塊錢，看來今天晚上，

我得通宵載客了。」

聽罷，我和朋友再三謝過司機，懷著歉意推著車走了。

當我和朋友把東西拉到新的住處，才意識到忙活這麼久，我倆還沒吃上飯，已經是夜裡十一點多了，我們進到一家街邊的小飯館，點了兩碗麵。吃麵間隙，我們與小飯館的夫婦聊起天來，老闆夫妻倆都是安徽人，他們的飯館還經營早餐，我問他們什麼時候開始準備早餐，老闆說：「你們吃完飯，我們睡個兩三個小時就開始。」

我嘆太早，他說：「是啊，早上五點左右，一切就都得收拾好，基本上六點不到，吃早餐的人就該來了。」

老闆說：「我們苦點沒什麼，都習慣了，我們忙點，掙點錢，讓孩子們也像你們一樣上個大學，找個好工作，以後再不用受我們這份苦，就值了。」

他樸實的臉上掛著笑容，那笑容讓我想起了一句話：什麼是幸福？就是有事做，有人愛，有所期待。

◇

那天我們離開時，已近午夜，老闆夫婦開始打掃衛生，為早餐做準備。凌晨兩點的北京，匆匆忙碌的還遠不止計程車司機和小飯館的老闆夫婦。對於那些載貨的司機來說，他們一天的工作才剛剛開始。凌晨時分開始，整裝完畢後，他們一路跨橋越溝，從外環駛向北京西。

除了貨車司機外，還有市區裡，匆匆駛過的各類轎車、摩托車、三輪車等等，無數承載著生活重擔的人們，在用忙碌的身影支撐起整個城市的脈絡。

在凌晨兩點的街頭，忙碌著的還有施工人員和清潔工人。為了保證白天交通路線的順暢，在北京，許多施工隊只被允許在夜間施工。在人們陷入夢境的時候，他們不辭辛勞地填補著城市各個角落的漏洞。而那些穿著帶有反光條橙色制服的清潔工人，我從不知道他們幾時上、下班，只看見他們彎著腰一遍遍打掃著街道的背影。

當然，北京最不缺乏的就是生活方式大相迥異的人群。凌晨兩點，工體北和三里屯街頭，又是另一番景象：在五彩繽紛的霓虹燈中，年輕高挑的女孩們身著華麗的服飾、戴著精緻的妝容出入著各類夜店；身邊呼嘯而過的跑車，則讓你宛若置身於國際車展的現場。身處這樣的環境，會讓你不由得感嘆這世界的光怪陸離，也不禁想問自己，究竟哪種生活才是自己真正想要的？

凌晨兩點的北京，或光怪陸離，或溫馨恬靜。在這裡，有人享受生活，有人為生活奔波，有人開心地呼喊生活萬歲，也有人默默地隱忍著難言的苦楚。這些人，是你，是他，也是我。

站在匆匆忙忙的人流裡，我們自以為摸到這個城市的脈絡；而後轉過身，又匆匆加入到這轟轟烈烈的夜行大軍。然而，也正是在夜色中的北京街頭走過，你才會發覺，原來這座城市也是屬於你的，剝離

掉白日的繁華喧雜，城市隱去了高大的身影，穿梭在城市間的人們就顯得格外醒目。

你可以在這些凌晨的城市裡，看見另一個自己，那些身影儘管渺小而薄弱，但沒有人可以否定或者忽略他們的存在。

至少，你不可以。

因為無論經歷了什麼，或者正在經歷什麼，他們和你一樣都不曾輕言放棄，為了家裡一直亮著的那盞燈，為了身邊並肩奮鬥的戰友與同事，為了孩子永不消逝的笑臉，為了勇敢地活著。

不管這座城市是虛幻還是真實，這些人都是真真切切地存在著的，他們在凌晨兩點的城市裡以各種各樣的方式陪伴著你。此外，我也在陪伴著你，在凌晨時分的北京，在漂亮的煙青色的天空下……。

無數承載著生活重擔的人們，在用忙碌的身影支撐起整個城市的脈絡。

沒有早一刻，沒有晚一刻，
我遇到了最美的愛情

　　這些年，我在電波中聽到了太多愛的故事和關於愛的感慨。太多的人感嘆真愛難尋，然而，到底什麼是真愛，又有幾人能說清楚？年輕的時候，我們愛得太執拗，心智成熟之後，才逐漸懂得愛的恬淡和平和。

　　二十多歲時，我們會遇到一些人，然而少不更事的我們總是橫豎看不上。十年後，回想起來，其實個個都挺好的。

　　那時，我們懷揣了太多的夢，太多的滿腔熱情，真遇到喜歡的人，也是瘋狂至極的，恨不得傾盡所有，只為與之廝守一生。然而，剛極易折、情深不壽，太過轟轟烈烈的感情通常難以善始善終。一次賭氣的轉身，往往就是一輩子的永不相見。正是這曾經的「失去」，教我們學會了長大。

　　所以當青春只剩下尾巴，終於有一個恰好的人出現，我們終於學會珍惜，終於明白，陪伴才是最長情的告白。感嘆——幸虧沒有太早遇到你。

　　◇

　　這一次，劇透我自己。我和妻子相遇時，我三十九歲、她三十五歲。

　　說起自己十幾年的北漂歲月，也不是默片電影，曾經有長達七年的時間，幾乎都是我一個人在演獨角戲，並且戲碼強勁，衝勁十足。然而最終，我還是眼睜睜地看著那個女生，牽著別人的手，遠走他鄉。

剛極易折、情深不壽，太過轟轟烈烈的感情通常難以善始善終。

我承認，這段始於大學的暗藍色戀情，帶給了我太多的失意，以至於後來，在上司、同事和朋友的撮合下，我一次次相親，一次次以失敗告終。對於愛情，我早已意興闌珊，最後，我乾脆婉言謝絕了所有人的好意，一頭扎進了單身的生活。

　　然而人生，總在情理之中，意料之外。

　　二〇一二年的一天，一位同事對我說，要介紹一個女生給我。說是女生，其實也年過三十五，早已是「剩鬥士」了。如果放在平常，習慣了單身的我，必然婉拒，然而那天，同事的這一番話卻使我答應相見一下：「她是我同學，人很好，就是沒遇到好男人。」

　　人的心理就是那麼奇怪，「好男人」三個字，就像是一把紅纓槍，向我扎來，讓我不得不接招，我反戈一擊：「那，在你眼中，我算是好男人嗎？」

　　同事狡黠地搖頭：「不好說，反正多認識一個朋友唄。」

　　撥通她的電話，倒不是為了多認識一個朋友，只是心中尚有不滅的不甘，不甘什麼呢？也許，只是不甘那句「沒遇到好男人」吧。

　　我們倆之間，真的是好事多磨，第一次見面，我就遲到了。

　　那天開完會，匆匆走出單位，到地鐵站發現錢包忘記帶了，這對於我來說，不是常有的事，我有點懊惱自己的馬虎，折返回去拿錢包。一來一去，竟耽擱了約半個小時，等我趕到餐廳門口時，她已經站在那裡了。

身材苗條，衣著簡潔大方的她，長髮微卷，戴一副眼鏡，面孔溫柔，表情恬淡。這樣的她，倒是符合我對於這個年紀的女生的想像，沒有二十多歲女孩的高傲和鋒芒，彰顯著的是柔和的氣息。

我急忙道歉，解釋自己遲到的原因，她笑了笑，輕描淡寫：「沒事。」

雖然並沒有對此次相親抱有太大期盼，但紳士風度，還是要有的，我先她一步走進餐廳裡，然後微微欠身，幫她扶著門，她笑了笑，走進去。

在臨窗的桌邊坐下，我把菜單遞給她，說了一句：「想吃什麼就點什麼。」這倒真的不是客套話，之前相了好多次親，頗知女孩子們的胃口並非我想像的那樣，她們有的特別挑剔、有的專揀稀罕的菜品、還有的專揀貴的點，貌似餐桌就是她們考驗男人的戰場，對方是否出手闊綽、是否溫柔體貼，是否斤斤計較，在這裡她們就可以一一衡量到了。

她卻沒有打開菜單，微笑著輕聲說：「我減肥呢。」

這話我也聽過，女孩子們都愛減肥，也許這不過是她們考驗男人的另一種說辭。我笑了，說：「多吃點啊，你已經很瘦了。」

見她遲遲不打開菜單，我索性拿過菜單來，也不看價格，一連點了好幾道招牌菜。

現在想起來，那頓飯，我吃的是那樣不加拘束。

她人很安靜，話不多，總是人未開口笑先到。即便開口，也是輕聲細語，倒讓我覺得很輕鬆。

　　那天因為沒來得及吃早餐，肚子有些餓，於是菜上來後，我就甩開腮幫子，大快朵頤起來。所以，那頓飯我吃的格外愉快，也格外多，這在我曾經的相親飯局中，前所未有。直到填飽了肚子，我才想起此行的目的，於是，開始竹筒倒豆子，一五一十地把自己的情況全都倒了出來。

　　她，真的是個非常好的傾聽者，很少插話，只柔和地看著我。某一個瞬間，我突然有了這樣的錯覺：我們像雨天裡，正巧在同一個屋簷下避雨的陌生人，隨意地談著天氣、生活、工作……。

　　最後，我們聊到了一家人氣餐廳，她說，曾跟與友人去過一次，感覺不錯，我趕緊說，那下次我們也去，她微微地點頭。

　　這樣，二人也就算確定了下次約會的地點。

　　◇

　　誠實地說，第一次見面，我對她並沒什麼有大多的感覺，在我的認知裡，自己已經失去了愛與被愛的能力，但她給我的印象還不錯，至少讓我覺得很自然、很輕鬆，因此，對於下次見面，我一點排斥都沒有，甚至還有些許小期盼。

　　幾天後，我主動發出了邀請，我發短信約她去上次說的那家餐廳，

十分鐘後，收到了她的回覆：「可以啊，就是得等到週末，這幾天公司太忙了。」

那一刻，看著她的回覆，我的內心竟然泛起了一絲漣漪，開始暗自慶幸：她對自己應該也有幾分好感，否則，不會如此痛快地答應週末見面。

後來，我漸漸發現，她有自己的喜好，也有自己喜歡吃的飯菜。她不能喝茶、不能喝咖啡，然而，她從來不會因為自己的喜好，而打擾我的興致，也從來不會任性主宰我們兩個人的飯局。她從不因為自己的需求，而讓我感到不適。

我，開始欣喜遇到了她，並開始照顧她，欣欣然和她自然和諧地默契相處起來。

她是這樣的一個女子：第一次見面，覺得她並不怎麼起眼；第二次見面，約略覺得她有些引人注意；第三次見面，竟然覺得她真是不錯的一個女生；第四次見面，會覺得分別的時候，意猶未盡。

至今，我還記得我們第一次去看電影時的情景：那天，在電影院裡，我買了水，遞給她，輕聲對她說：「慢點喝，涼。」

那天，在電影院裡，我看得淚流滿面，她遞過來紙巾，輕輕地拍了拍我的手背⋯⋯。

◊

很快，到了新年。跨年那天，她們幾個好朋友都要帶自己的老公和父母一起聚會，她想邀請我一起參加。

這個邀約，讓我難免有些猶豫。平心而論，我真想見見她的家人。不是有人說，要了解一個女人，先看她的母親嗎？而她和我有著近似的經歷，她的父親早亡，多年來，她一直和母親、弟弟相依為命，所以我其實很期盼見到她的家人。

然而，我不能赴約。正因為父母早亡，我才更珍視家庭，也才更深刻地體會家人對於一個人的重要性。我這人家庭觀念比較重，一旦我決定要跟和她結婚，肯定會專門去拜見她的家人，然而現在，我們才剛開始接觸，如果冒然前往，之後又沒有在一起，豈不是傷害了她家人的情感？

猶豫再三，最終，我推說自己那天有事，拒絕了這個邀約。我當然知道，她的邀約蘊含了太多的暗示，然而，在自己未做好抉擇之時，我真的什麼都不能做。

現在想來，她的確是個寬容的人，不慍不火，對於我的拒絕，坦然接受。這讓我愈發覺得輕鬆起來，沒有了和她交往的心理負擔。

其實，在感情中男人有太多的怕，怕女人多心、怕女人怪罪、怕女人嘮叨、怕女人抱怨、怕女人動輒就大發雷霆……然而，她沒有，她從沒有，和她在一起，不用擔心沒話說、不用擔心說錯話，也不用

擔心她會不滿，感覺總是很從容，安靜不緊迫，放鬆而愉快。

她的父親早亡，從花樣年華開始，她就算得上家裡的支柱了。所以，她的骨子裡，沒有小女生的嬌嗔，沒有獨生女的公主病，也不會有太多的白日夢，對於他人和這個世界，更沒有太多的依賴和不滿。在獨自面對這個世界的日子裡，她把自己變成了那個務實、獨立、寬容、柔和、安靜的人。

如果放在十年前，我必然會被那些打扮得花枝招展的女生吸引住目光，如今，在經歷了歲月的磨礪之後，我只貪戀她所帶來的安寧和如水的從容。

好吧，我承認，我被她吸引了，不願離去。

◇

轉年，鶯飛草長，人間四月天，正是出遊好時節。

約會、吃飯、看電影，戀愛中應有的，我們都有了，就差一個合適的機會，將這場愛意昇華。

當然，在旁人眼裡，她是個非常普通的女性，按部就班地升學、畢業、求職、上班。她沒有撩人的身段，沒有美豔的容顏，也沒有優厚的家境，然而，在我眼裡，她就是我的歸宿。我愈來愈喜歡待在她的身邊，在她身邊，就像聞到了冬日裡，剛剛晾曬過的被子，溫暖而舒適。

於是我們決定去四川旅行，對於戀愛中的人來說，最終是要有一個契機，去將這份愛昭示天下的。

　　錦官城春風和煦，好山好水好風光，她滿眼溫柔，而我的世界因她而美好。

　　去九寨溝遊覽的那天，由於水土不服，加上身體有些虛弱，她病倒了。本來，我們計劃當天晚上乘坐旅行社的車返回成都，看她實在難受，我乾脆安排旅館讓她住下，接下來，買藥、餵飯、端水，一夜悉心照顧，自此，她看我的眼神，更添了幾分溫情。

　　直到彼時，我才敢在心裡對自己說：我，遇到了好女人；她，遇到了好男人。

　　錢鐘書在《圍城》中裡說：「戀愛中的人，應該先旅行一個月，一個月舟車勞頓以後，雙方還沒有彼此看破、彼此厭惡，還沒有吵嘴翻臉，還要維持原來的婚約，這種愛情才會長久。」

　　旅行，的確是對彼此生活習慣，以及三觀是否相合的大考驗，在旅行中，我看到了她柔弱的一面，從而更加憐惜她；她也看到了我的體貼和踏實，從而更加依賴我。

　　年近四十，對方的容貌和身材，已經不是吸引我的主要原因，對方的心靈和性格，才是讓我不願離開的根本。

　　什麼是真愛？真愛就是舒適、和諧、輕鬆和愉悅地相處，就是相互依賴、相互照顧、相互溫暖。我要娶她為妻，並不是因為她年輕貌美，

而是因為她溫柔體貼；她要嫁給我，也並不是因為我家有萬貫，而是因為我善良細膩。

親愛的你們，請允許我用這樣緩緩的語言，去表達我的愛情。

當歲月穿過人生的斑馬線，當我們走過一個又一個命運的十字路口，當凜冽的風吹過我們的生命，真正的愛情，不是**轟轟**烈烈、生生死死，也不是非你不娶、非我不嫁，而是十指相扣，相攜走過那些平淡、安寧，甚至乏味的日常，相攜走過那些莫測、意外和糟糕的歲月，直到有一天，我們都老了，頭髮都白了……。

後來，她成了我的妻，我們終於在一起。

不要說真愛難求，不要說一再錯過。所有的錯過，都是磨礪；所有的難求，都是考驗。只要你內心有愛，真愛就不怕晚。

沒有早一刻，沒有晚一刻，遇到那個讓你心動、溫暖、安寧的那個人，才是最好的愛情。

「和過去的自己和解，
好好愛當下的自己」

我曾經做過一期節目，主題是「你會感謝那個傷害過你的人嗎？」有一個女孩的故事讓我印象深刻，她通過微博私信分享了她的親身經歷，一條接著一條，串聯起一個女孩這幾年間對愛情的領悟，對生活的思考。

她告訴我，大學時，她曾全心全意地愛過一個男生，為他癡迷、為他擔心、為他不分白天黑夜地等待。有好吃的，先想著男孩還沒吃，小心翼翼地打包好，要先帶給他嘗一嘗，哪怕自己還餓著肚子；男孩的襯衫髒了，她肯定第一時間幫他清洗，那時大學宿舍裡沒有洗衣機，炎炎夏日，女孩纖細的手指泡在肥皂水裡，想像著男孩穿著自己洗乾淨的襯衫，汗水也是甜的。其實上大學之前，她也是家裡的嬌嬌女，連自己的襪子都是媽媽洗的。

寒冬臘月，得知男朋友發燒了，她不顧自己也在生病的虛弱身體，冒著寒風去給強壯的男生買藥。

畢業後，隨著兩個人工作日漸忙碌，見面的時間顯得尤其奢侈，有時甚至幾天都見不了一面。只是距離沒有產生美，反而產生了隔閡。一開始女孩給男生發短信，他不回覆；打電話過去，語氣很冷淡，彷彿自己成了一個跟他不相干的人。

她說，那段時間，她每隔五分鐘就要看一眼手機，看有沒有一點來自於他的信息，但大多數時候，等待她的只有失望。偶爾有那麼一兩次，男生回覆了她，也不過寥寥幾個字。但是，就是這寥寥數字卻

足夠支撐她一整天欣喜若狂。一切胡思亂想都被拋到九霄雲外了，腦海中，全是些美好的白日夢肆意蔓延。

女孩說，那時她為那個人付出了自己的全部。

為他時而哭時而笑，完全變成了一個患得患失的瘋子。他笑，她的心中就好像有清泉湧溢，鮮花盛開；他摔門離去，她什麼也做不了，只是不停地哭泣，哭到昏天暗地，星辰吞沒。

然而，面對他時，她始終控制著自己一切的情緒，沒有理智、沒有尊嚴，卑微得像個乞討者。但是低到塵埃裡的愛，是開不出最美麗的花的。

大多時候，你在塵埃裡，他就真的當你是一粒塵土罷了。

◇

女孩，意識到男生對自己的感情發生變化了，但她太愛那男生了，她甚至打算停止服用避孕藥，幻想也許自己懷了他的孩子，就能把他永遠地留在自己身邊。所幸這個想法在一次她出差回來，發現了床邊的幾根長髮以及衣櫥裡的女性內衣後，便放棄了。

那一刻，女孩沒有流下一滴眼淚。淚，已經在之前很多個失眠的夜裡流盡了。

她甚至有幾分欣慰，自己終於還是等來了這一天，走了也好，至少終於不用再擔心他會走了。

她說，那些時光，讓她漸漸明白，其實感情中真正讓人痛徹心扉的不是憤怒時的爭吵，也不是冷戰時的沉默，而是積累了太久，水滴石穿般的失望透頂。

　　也是，如果一場感情註定沒有結果，希望你趁傷口還不太深的時候，學會笑著轉身，別等到眼淚流盡，整顆心都枯萎時，才大徹大悟、悔不當初。當你已經愛一個人愛到尊嚴盡失，還得不到回應時，也要學會適可而止才是。

　　最終，她決定不再委屈自己，毅然離去。

　　感情失意的她想尋求一個重新開始的機會，於是回到故鄉，回到了母親身邊。年少時，她就生活在單親家庭裡，父親早亡，母親獨自拉扯她長大，供她讀書，竭盡全力地為她創造良好的生活環境。

　　女孩讀大學時，一年的生活費都比別的同學高出幾千元。然而母親並不知道，她沒有用那些錢給自己買好看的衣服、吃想吃的美食，而是一直省吃儉用，接濟男孩，為他買體面的西服、買最好的籃球鞋，只為博取他一個驚喜。

　　大學畢業那年母親曾苦苦哀求女孩，希望她回到自己身邊，可女孩為了能跟心愛的人在一起，狠心拒絕了母親。如今，她要回到母親身邊去，不僅是因為自己受了傷，也是因為長久以來，她覺得自己對母親虧欠了太多。

　　女孩說，這段傷痛的記憶，讓她好幾年都沒辦法再開始新的愛情，

她一度以為自己失去了愛人的能力，因為在上一段情感裡，她傾注了太多，幾乎耗盡心力。

　　直到幾年之後，母親的同事給她介紹了一個男生，他們在相處了一段時間後，她塵封的心門才慢慢打開，也收獲了愛情裡應有的甜蜜與體貼。

　　◇

　　讀完她的故事，我回覆她：「現在不是挺好嗎，你經歷了那些傷痛，如今能淡定從容地將往事娓娓道出。」

　　她說：「可你並不知道我經歷了什麼，那一個個失眠的夜晚，那些眼淚，那些悲傷包裹著我，我再也不願意回憶起它們了。那段日子我是挺過來了，但我要感激的不是那個傷害我的人，而是在那樣絕望的時刻，依然活下來的那個自己。」

　　這個女孩儘管經歷了不堪回首的過去，但她還是選擇說出自己的故事，試著去釋懷，去原諒。

　　而生活中，還有很多難以釋懷的人，他們選擇「忘記」自己的過去，選擇性遺忘曾經失敗的感情經歷，絕口不提年輕時犯下的錯誤，甚至想方設法抹去那個曾經「很傻很天真」的自己，甚至當有故友提起往事時，他們會努力搪塞，很怕現在的社交圈知道自己過去的「糗事」。

　　時間流逝，無論我們如何表現，請別忘記，正是過去的自己成就

了現在的你，你若沒有在感情中受過傷，沒有親眼見到那個不完美的自己，又怎麼會真正體會到愛人與被愛的滋味？你若沒有犯過錯，沒有做過傻事，這樣的人生又有什麼值得去回憶呢？

每一個懂事淡定的現在，都有一個很傻很天真的過去；每一個溫暖而淡然的當下，都有一個悲傷和不安的曾經。

和過去的自己和解，然後好好愛現在的自己，也許是我們每個人值得用一生去領悟的事。

你若沒有犯過錯，沒有做過傻事，這樣的人生又有什麼值得去回憶呢？

真正的恩慈，
是溫暖而不是施捨

我和妻子去日本旅行。

啟程之前，妻子拿出一張長長的名目清單細細查看。那是她的同事們得知她要出國遊玩，請她幫忙帶的各種護膚品、食品和藥品等。於是，在日本遊玩的近一半時間裡，我們都是在大街小巷中遊走購物，大包小包地拎著一大堆東西，最後旅行箱都塞不下了。

我實在看不下去，對她說：「其實你可以拒絕她們啊。」

她搖搖頭，說：「那我心裡過意不去。」在她的字典裡，只有「盡力」，沒有「拒絕」。

其實，我也曾是那種不懂得拒絕別人的人。

◇

二十幾年前，我還在修車，一起工作的工友中，有一個吊兒郎當的青年，我們叫他歪子。人如其名，歪子這人講話沒譜兒，常常胡亂說一通，工作也喜歡逃避、玩手段。

我和歪子是初中同學，因為班組裡就屬我倆年紀小、工齡短，所以常常被分到一組工作。通常分配給我倆的工作，都是些揭油底殼、換缸蓋、換輪胎的力氣活，雖然沒什麼技術含量，但跟歪子搭檔工作，真是讓人有苦說不出。

每次班長給我倆布置完任務後，他都是最先換上工作服，在班長等人的注視下，指揮我拿上工具，直奔工作區。可是，到了工作區之後，

他就沒影兒了，要嘛去抽煙，要嘛就四處找人聊天去了。等我把工作做得差不多了，他才晃晃悠悠地回來，磨蹭著做點收尾的工作。

其實論資歷，我比他上班還早幾個月。但大家同學一場，我真的是不好意思說什麼，任由他把又髒又累的工作都推給我。每當班長問起工作是誰做的，他都說自己做得有多辛苦，我就站在他身邊，一句話也不說，聽著他邀功。

有一次，我倆負責維修的那輛車在半路上拋錨了。原因是缸蓋漏水，導致油箱進水，發生爆缸事故。那段時間，運輸任務很重，停一輛車，就意味著不能按時完成拉運任務，從而影響進度。事關企業效益，車隊和我們廠為此爭執起來，廠裡派人追查下來，調查負責事故車輛維修的是哪個班組、哪個人。

最後，班長找到了我和歪子，一聽班長表明來意，歪子第一個站出來指責說，那天是小馬換的缸蓋。我一想，的確是，因為那天他壓根兒就不在，於是我主動向上司承認了錯誤，那個月，我被罰了兩百元錢，對於當時月薪只有六百塊我來說，損失很大。

那天下班後，班長狠狠地批評了我，問我是怎麼回事，他說你們兩個人換個缸蓋還出現這麼大的問題。

我啞口無言，問題確實是我搞出來的，我沒什麼好辯解的。

歪子還有個毛病，愛借錢，借了還不還。那時我們的收入都不高，每個月六百元的工資，光吃飯就已經花得差不多了。有幾次歪子向我

借錢，我想拒絕他，但又怕為了錢傷了彼此的感情，就只好從不多的工資裡，借了一部分給他。

借錢時，他總說發了工資就還，可是發了工資之後，他卻像沒事人一樣，再也不提還錢的事了。

我曾把這些事情說給一個師傅聽，他問我為什麼不直接拒絕他呢？我說我不好意思，師傅嘆了口氣，說：「那你就跟他翻臉，從此不相往來。」

我心裡叫苦不迭，可是下一次他再開口借錢，我依然會抹不開面子還借給他。這種爛好人心態，一直困擾了我很多年。

◇

後來，我在電臺主持一檔早間節目。每天半夜就得到電臺，開機、試線，然後上直播，一直得忙到中午才能下班。有一次，有個同事問我能不能幫她替班，她當時做一檔深夜節目，播出時間是晚上十一點到凌晨一點。她說：「小馬，你做完這檔節目後，再挨上幾個小時，就直接上早班了，多方便啊。」

我知道她沒有跟上司申請調班，是不想在上司心裡產生負面印象，於是就答應下來。可是，沒想到那天深夜做完她的節目後，回到辦公室，實在太睏就在辦公室裡睡著了，結果耽誤了第二天早班的試線工作，雖然沒有造成大事故，但也算出差錯。

那天，我被上司猛批了一頓，那時的我還正處在轉正階段，這件事情，直接影響了我的評分，導致我沒能被正式聘用。而那個請求我幫忙的同事，非但沒替我說一句好話，就連一句安慰也沒有。

這些生活中真實發生的故事告訴我，想做老好人？可以，只要你能承擔得了隨之而來的代價，無論是在職場還是在生活中；如果你不懂拒絕，就必須承擔被誤解、被利用、被輕視、被傷害的代價。

善良，是人類最美好的情感之一，是根植於人內心的溫良仁德。

為了對得起自己的良心，為了讓別人更開心，你選擇做一個有求必應的好人，哪怕自己受委屈，這是善良嗎？這是怯懦，你不拒絕一切請求，是因為你不敢拒絕，你害怕一切人際交往過程中的衝突。

其實，直面拒絕所造成的衝突給你帶來的痛苦，遠遠超過了你鞍前馬後成全別人的煩勞。

◊

外甥女曾跟我說過這樣一件事：她是外語專業畢業，並且在翻譯機構工作過一段時間。有一次，一個畢業後很久沒聯繫過的高中同學，請她幫忙翻譯一篇關於古羅馬歷史的文章。礙於面子，她答應了，文章雖然不長，但專業性很強，她利用下班時間查找資料，請教同行，最終認認真真地翻譯完，發給了同學。

當時，同學對她甚是感激。然而，之後很長一段時間卻沒再和她

如果你不懂拒絕，就必須承擔被誤解、被利用、被輕視、被傷害的代價。

聯繫。一年後的某一天，這位同學又給她發信息，說她有一個朋友需要翻譯一篇生物科技方面的文章，希望她盡快翻完發給她。

因為外甥女當時確實挺忙，也對相關方面的文章翻譯沒有深入研究，翻譯起來不僅費時間，還有可能出錯，所以就直說了自己的情況，並委婉地拒絕了。結果那個同學很不高興，說：「這麼點兒小事，你不願意就直說，找那麼多藉口幹嘛？」

外甥女告訴我，她一度為此很苦惱，覺得自己不幫這個忙，是不是辜負了同學的信任？

但當這樣的事發生了很多次後，她漸漸停止了對自己的道德譴責。

其實，很多技能從業者都會遇到這種困擾。在一些人眼裡，他們經過多年的專業訓練，幫這點小忙，不就是舉手之勞？而正是因為他們靠自己的技能吃飯，才會格外注重自己完成的每一個作品，幾天的翻譯過程背後，是上萬個小時的積累，而這些付出，都不應該是一句簡單的「謝謝」能夠償還的，金錢，雖說不能代表什麼，但至少會讓他們的付出得到尊重。

◇

好人緣，絕不是建立在無原則的給予上。我們，也大可不必為了塑造自己的良好形象而取悅所有人，用無盡的委屈強撐，這一點也不偉大。

不懂得拒絕，是一種沒有原則的態度。這種態度，也決定了別人對你的態度，你不予反抗，別人就會得寸進尺；逆來順受，從來不會讓事情變好，只會讓自己變得更糟。一開始就亮出自己的原則和態度，反而更能得到別人的尊重和諒解。

　　想要活得自在，第一步就是正視自己。

　　衡量自己的能力，尊重自己的需求，與其自尋煩惱，不如聽聽內心的聲音，勇敢說不。學會「說不」之後，你會發現，很多事情都變得簡單了，很多朋友，也隨之而來了。

　　真正的善良，是溫暖別人，也成就自己。

　　這些年，你記得成人之美，體諒別人的苦痛，也千萬別忘了心疼自己，世界雖大，你也很重要。

這些年，你記得成人之美，體諒別人的苦痛，也千萬別忘了心疼自己，世界雖大，你也很重要。

生活中的微光

* 只要有想要追尋的東西，就注定前程不會一帆風順。

* 沉浸在每一個與自己獨處的時光裡，感受著最安寧的思索。

* 什麼是幸福？就是有事做，有人愛，有所期待。

* 無數乘載著生活重擔的人們，在用忙碌的身影支撐起整個城市的脈絡。

* 真愛就是舒適、和諧、輕鬆和愉悅地相處，就是相互依賴、相互照顧、相互溫暖。

* 所有的錯過，都是磨礪；所有的難求，都不再是真愛。只要你內心有愛，真愛就不怕晚。

* 遇到讓你心動、溫暖、安寧的那個人，才是最好的愛情。

* 如果一段感情注定沒有結果，希望你趁傷口還不太深的時候，學會笑著轉身，別等到眼淚流盡，整顆心都枯萎時，才大徹大悟，悔不當初。

* 每一個懂事淡定的現在，都有一個很傻很天真的過去；每一個溫暖而淡然的當下，都有一個悲傷和不安的曾經。

* 和過去的自己和解，然後好好愛現在的自己，也許是我們每個人值得用一生去領悟的事。

* 不懂得拒絕，是一種沒有原則的態度。

* 如果你不懂拒絕，就必須承擔被誤解、被利用、被輕視、被傷害的代價。

* 真正的善良，是溫暖別人，也成就自己。

* 這些年，你記得成人之美，體諒別人的苦痛，也千萬別忘了心疼自己，世界雖大，你也很重要。

CHAPTER 04 /

如果，
你生來沒有羽翼

兄弟姊妹，原本是天上飄下的雪花，落到地上，
結成了冰，化成了水，就再也分不開了。

在追夢的路上，
我們都一樣

　　最近，腦海中常常會浮現出我二十歲出頭時的生活片段，憶起最多的是小方、陳凡、含江和我，我們騎著自行車在故鄉空曠的柏油馬路上飛馳而過。

　　那是二十世紀九零年代初的安靜歲月，清風拂面，陽光正好。那時我們都還是快意瀟灑的少年，最愛身著白衣，穿一條洗了又洗的牛仔褲，也總不肯好好騎車，幾輛破舊自行車能上演一齣街頭飆車大戲。小方好勝心最強，總要爭個第一；陳凡體力稍差，每次落後了都在十幾米外氣喘吁吁地喊我們等等他。騎累了，我們就慢悠悠地蹬著車子，享受著涼風吹拂在臉上的閒適感，談天說地，無話不談，風捲起我們的笑聲，吹得好遠好遠。

　　聊天的話題，最後都會歸為一個詞：理想。

　　理想對那時的我們而言，如天邊星子，看似伸手可得，實則遙不可及。

　　那時的我，正在故鄉縣城的小電臺裡作兼職業餘主持人。每晚下班後，我都要在路燈的陪伴下趕往電臺準備節目，白日的勞累絲毫沒有消減我的熱情和精力，兩隻腳蹬得飛快，生怕遲到。

　　小方怕我走夜路不安全，就和陳凡、含江商量好，每天晚上，他們中的一個人騎車陪我去電臺，我也沒推辭，樂得有個伴兒，從此月光也更顯得清朗了幾分。

　　一路相伴，摯友兩心相照，談天的話題自然更豐富。

◇

小方最愛聊他的發財夢，普通工人家庭出身的他，對另一個階層的世界充滿了幻想。他跟我說，自己工作這幾年賺的錢都沒怎麼花，打算找個機會投資一筆，或者跟人合夥做生意，到現在我還記得他映著夜色的雙眸：「小馬，我總覺得咱還這麼年輕，渾身都是使不完的力氣，世界這麼大，到處都是機會，就看咱能不能把握住了，我可不想一輩子就一直當個工人。」

幾個朋友裡，就屬小方最機靈，體制內的孩子多半沒什麼生意頭腦，但小方似乎總是能嗅到身邊的商機，從前在寄宿學校上學時，他就趁著開學那幾天，靠著給外地學生賣被褥大賺了一筆，我們問他從哪兒進來的貨，他總是神祕地笑笑，說這是商人的祕密。

發財夢誰都有，我也有，只是生活沒有給我留下太多選擇，我只能抓住我能夠得到的機會，拚命朝著有光的方向努力，從不敢停止前進的腳步，也不敢掉頭重來。

陳凡對未來的憧憬與我相似，都關乎對職業的嚮往。他想成為一名作家，這在我們當時生活的那座小城裡，無異於天方夜譚。在很多人的認知裡，寫作只能是一種愛好，是茶餘飯後，閒來無事的消遣，怎麼可能被稱為「正經工作」呢？

陳凡打小就是我們幾個夥伴裡最愛看書的，他寫的作文總被國文老師當作範文唸給全班同學聽。那個將《詩經》中的美善故事講述給

我們聽的中年男人，比起中學老師，更像個江南才子，他說陳凡的文筆有一種超脫年齡的淡然灑脫，行文中帶著幾分黑色幽默。當時的我們都不懂什麼是黑色幽默，只羨慕陳凡的作文分數總是那麼高，恨自己只寫得出「夏天來了，知了在樹上叫」這種句子。

國文老師還鼓勵陳凡積極向一些中學生作文刊物投稿，有兩篇文章還真被選中了，一時之間，陳凡在學校裡成了小紅人，我們都喚他作「陳作家」，這些都在陳凡心裡播種下作家夢的種子。

含江，是我們幾個人中性格最靦腆的，每當我們三個人聚在一起熱烈地談論關於夢想的話題事，含江總自己一個人在一旁微笑著看著我們。我們追問他對未來有什麼憧憬，他總是搖搖頭說：「我挺羨慕你們的，我沒有什麼賺大錢的欲望，也沒有小馬的嗓子、小凡的文筆，我就希望我爸媽身體健康，我自己能娶個好姑娘，生個大胖小子，以後我們一家去法國的普羅旺斯玩兒。」

我們聽了都笑他，一個大男人的願望跟個小姑娘似的，他自己也跟著笑。

那時正值寒冬，新疆的冬天零下二十幾度，我們凍得手腳冰涼，口中呼出的白氣都能捏出形狀，但對未來生活的嚮往竟讓我們感覺不到冬日的寒冷。內心似火的幾個年輕人，並排騎著車，聽著車輪碾壓在雪地上「咯吱咯吱」的聲音，看著天邊的月亮，彷彿看見期許的明天就在眼前。

◇

　　沒過多久，我在家人的支持下離開故鄉，去北京求學，告別了家人、朋友和曾經的同事，開始了在異鄉打拚的日子，終日奔波，身心疲憊，很快，我失去了故鄉親友的聯繫方式，路途遙遠，十幾年間我幾乎沒有再回到曾經生活的小城。

　　隨著曾經工作的單位改制，有些人調離了原職，有的人與我一樣，拿了遣散費離開，還有的人早已不知去向。我時常想念小方、陳凡和含江，不知道他們三個人現在身在何處，是否還記得我們曾一起騎車，一起聊天的日子。

　　幾年前，我托人聯繫到了陳凡，通了電話，還沒等我開口，陳凡的聲音帶著幾分顫抖響起：「小馬，人家跟我說你成了中央台的播音員，我都不敢相信，是真的嗎？」

　　在聽到我的肯定回答後，陳凡在那頭驚呼起來。一番寒暄過後，我終於還是問起了他曾經的夢，沉默了一會兒，陳凡苦笑了幾聲：「那時候是真年輕，年少輕狂，誰沒有做過夢呢？」

　　我心裡沉了一下，不知如何應答。

　　陳凡告訴我，公司改制之後，他被調去最偏遠的戈壁灘工作。之後，托關係才調到效益好一些的車隊。在那裡認識了現在的妻子，他們組建了家庭。妻子家，根本不稀罕他的作家夢，只千叮嚀萬囑咐他幹好現在的工作，爭取早點晉升。就這樣，年復一年，日復一日，陳

凡一步步走上了管理崗位，也一步步遠離了他曾經的夢。

我問他：「現在還寫嗎？」

陳凡笑了：「早都不寫了，工作太忙，書看得愈來愈少，手都生了，寫出來的東西連我兒子都不愛看⋯⋯」

我頓了頓，還是鼓起勇氣問起了小方。陳凡告訴我說，我離開沒多久，小方也離開了公司，先是跟人合夥開餐館，結果賠了，合夥人也跑了，小方又去打工，賺錢炒股，股市動蕩，賺賺賠賠，總沒有太大起色。前幾年他聽人說，小方被人騙進了傳銷組織，待了三個月，最後逃出來，衣衫襤褸，光著腳在路上走了一天一夜，才讓巡邏的員警發現，帶他回了家。

這些年他沒有成家，家裡只有一個老媽媽。

我不敢問了，說什麼也不問了。

電話的最後，陳凡把含江的微信號給了我。掛了電話，我加了含江的微信。很快，好友請求被接受了。我隨意翻看著含江的朋友圈，一組照片吸引了我的目光，點開後，是中年略微發福的含江，他的嘴角還掛著年少時的笑容，身旁依偎著一位眯眼笑的女人，懷裡抱著一個胖乎乎的小男孩，而他們的身後，是一片一望無際的紫色花海。

曾經和你一起無憂無慮談論理想的少年們，現在都在哪裡呢？

曾經和你一起無憂無慮談論理想的少年們，現在都在哪裡呢？

◇

我們都曾有過夢想，在追夢的路上，有人一直堅守、有人半途放棄、有人誤入迷途、有人跌倒後站起來，重新選擇方向，繼續前行。

這些年，我從沒有停止過追求夢想的腳步。

我傾聽人們的夢想，向人們分享我尋夢的故事，也漸漸發現，有太多曾經懷夢高歌的人，漸漸地選擇和生活講和。或許人生就是這般，你若臣服，你就被生活同化；你若執著前行，那麼你就有可能抵達夢想。

可是，我們告別了故鄉親友，義無反顧地獨自前行，不就是為了抵達夢想嗎？在這條路上，我們或經歷挫敗、失落、彷徨和掙扎，但是不言放棄才對得起曾經的選擇，以及一直的付出。

說實在的，誰的人生不是在一邊行走、一邊懷疑、一邊憧憬的過程中度過？我們懷揣著無從安放的追夢之心，又時常懷疑自己的能力是否配得上自己的夢，但只要活著，就要永不停止對未來的憧憬。

夢想，從來沒有大小之分。

有人志在高山，有人志在齊家，在追夢途中沒有堅持到最後的人，也並沒有什麼錯，成功登上頂峰的喜悅與悠然欣賞沿途風景的快樂，哪一種更好？沒有人能回答這個問題。

初心縱使在，也抵不過歲月塵囂的侵蝕，最終被慢慢隱藏起來，各種冷暖滋味，自己體會，又何需旁人說？

北島有詩言：

那時我們有夢，
關於文學，
關於愛情，
關於穿越世界的旅行。
如今我們深夜飲酒，
杯子碰到一起，
都是夢破碎的聲音。

要我說，夢碎不碎，至少深夜還有老友一起飲酒，這樣的生活，
總不會太糟吧。

故鄉，
永遠是我前行的力量源泉

獨在異鄉漂泊對一個遊子來說意味著什麼？意味著對家鄉美食心心念念地回味，意味著闊別無數次流連過的一草一木，意味著對遠方家人和朋友遙遙無期的思念。那故鄉的小路，故鄉親友的笑顏，都是我們捨不得又帶不走的深情歲月。

有一次，在微信公號後臺系統中，不經意看到一條這樣的留言：「小馬叔，我是你在新疆的鄰居，隔壁胡奶奶家的孫女，每天都看你微信中推送的內容，很喜歡，你可是我們大家心裡的明星。」這條留言，一下子將我擊中，思緒剎那間被拉回到了故鄉。

新疆昌吉的那個老院子，那是我關於故鄉、關於摯愛親朋的全部眷戀。一幢老式板樓，一層四戶人家，我們家住在正對樓梯口的那間，兩邊分別是胡阿姨，石阿姨和鐘阿姨的家。

四位母親，有著相同的遭遇：早年喪夫，獨自一人拉扯孩子們長大。都不容易，也就拉長了大家的感情，所以彼此之間經常互相照應。尤其是母親去世後，她們更是把我當作自己的孩子般疼愛，家裡做了什麼好吃的，總會給我留一份。

那些年，我吃過胡阿姨炸的油條、鐘阿姨烙的韭菜盒子、石阿姨的糯米油餅。糯米油餅，可是石阿姨的拿手絕活，把蒸好的糯米糕夾在熱騰騰的油餅裡，一口咬下去，滿嘴滋香，每次想起都垂涎不已。

在艱苦的北漂生活裡，這些美食成了我內心最美好的嚮往。

當年，我工作的修車廠因為效益不好，就允許一部分人提前退休，

而不到退休年齡的職工也可以買斷工齡，由公司支付一筆遣散費。當時，我就在心裡盤算了一下：我修車十年，可以拿到三萬六千塊錢的遣散費。這筆錢對於當時的我來說無異於天文數字，它意味著我終於可以有機會實現自己的夢想；意味著在人生的旅途中，我可以獲得重新選擇的自由。

心意定，我就把自己的這想法告訴了幾位阿姨。不出意料，阿姨們的意見完全一致，都說：「你還那麼年輕，就丟掉鐵飯碗，這風險太大了！」

「鐵飯碗」是那個年代的一個特有名詞，它代表一份吃穿不愁、旱澇保收的工作，意味著生老病死都有人管，這樣安穩、安全、安定的工作是當時很多人所夢寐以求的。

我知道她們都是為我好，但我心中另有想法。

那年我二十六歲，周圍的同學、朋友都已經陸續結婚生子。當時，也有幾個女生對我表示過好感，但都被我拒絕了。因為我知道心裡還有一個夢沒有實現，如果就這樣開始一段戀情，不單是對夢想的背叛，更是對對方的不負責任。雖然，當時的我並不知道自己的夢想是否有實現的可能，可是如果不去試一試，又怎麼知道不行呢？

於是，那年春天我向單位遞交了買斷工齡的報告，遣散費迅速發了下來，很快，我就計劃好了去北京的日期。

臨行前幾天，幾位阿姨開始為我準備行李，用她們的方式向我告

別。胡阿姨在賣早餐的時候，特地為我炸了幾根大油條，一天早起晨練，正要出門時，她叫住我說：「孩子，再吃幾根我炸的油條吧，以後想吃就不容易了。」當時我的眼眶就濕潤了，雖感動卻什麼也說不出來。

那幾天裡，左鄰右舍的阿姨、叔叔們都來送我，有的在我兜裡塞幾十塊錢，有的叮囑我在外面千萬要當心……

這麼多年過去了，這一幕幕依舊在我腦海中清晰閃現。

如今我已遠離故鄉，在幾千公里之外的城市裡謀生，當年那個遙遠的夢想已成為現實，然而記憶中的故鄉因為家人的陸續離開、因為路途的太過遙遠而漸漸變成了一個地理名詞。但是，被那些樸實而真誠的鄰居們焐熱的歲月，我是永遠都忘不了的，這是我心裡永存的最深情的日子。

其實，這些年我也從大家的口信裡得知，故鄉裡的人們一直關注著我。從那個懵懂靦腆的年輕人，到家鄉人口中能在北京買房、成家的中央台播音員，我從未離開過他們溫暖目光的注視，而無論我如何變化，在他們眼底我依舊是那幢舊板樓裡癡迷播音夢的「小馬」。

◊

人生路上，我不要歲月平庸無趣，所以一直奮力向前奔跑；我不願輕易向困難投降，所以不斷攀登，挑戰自己；我不想寢食難安，所

以我一直抗拒著功利之心。在這喧囂複雜的世界裡，我能夠用自己的聲音鋪展人生的道路，一直堅持做自己。

想來，這份初心也源於不願辜負家鄉親友們熱切期待的倔強，因為我知道無論去向何方，他們始終都溫潤在我心底。

故鄉，在無數遊子們心中被拉扯成長長短短的愁緒。於我，如是。每當我憶起故鄉，心中都充滿著無限甜柔的回憶，那些回憶，一直珍藏在我心中，溫暖著我前行的道路。

故鄉，其實，我從未離開過；故鄉，是家，亦是我的根。

故鄉的人，是親人，亦是我前行的力量源泉。

故鄉的日子，是深情，亦是終生難以忘懷的靜好歲月。

在這喧囂複雜的世界裡，我能夠用自己的聲音鋪展人生的道路，一直堅持做自己。

姐姐，
我的內心是你最好的天堂

《未給姐姐寄出的信》，是民謠歌手趙雷演唱的一首歌的名字，事實上，我也有一封未給姐姐寄出的信。

二姐是在二〇一九年的秋天去世的。

那年九月中旬，我接到大姐的電話，說二姐快不行了，她希望在生命的最後日子裡見見我。匆匆處理完手頭的事，暫時放下電臺的節目，我流著淚登上了飛往烏魯木齊的飛機。北京到烏魯木齊，飛機只要三個半小時，可是，這三個小時對我來說是段漫長的煎熬，三個多小時裡，過往一幕幕地出現在我的腦海中。

七歲時，二姐牽著我的手，帶我上學；十六歲，我開始做汽車修理工，怕我冷著，她連夜給我打了一雙毛手套；二十七歲那年，我離開故鄉，決定來北京，全家人中只有她無條件地支持我。

在我登上烏魯木齊到北京的綠皮火車時，我看到月臺上急急趕來的她，透過車窗，她塞給我兩千塊錢，並親切地告訴我：「如果不行，就回來。」

二〇〇六年，我在北京貸款買房，二姐毫不猶豫的從不多的積蓄中，拿出五萬塊錢給我，她說：「小弟，有了房，在北京你就有家了。」

想到這些，我的心久久不能平靜。這些年，我在北京的電波裡講述別人的故事，分享別人的故事，為其他人傳達著真善美，但對姐姐的關心卻是愈來愈少，更別提什麼回報了。

我曾一直以為，二姐這麼善良的人一定會家庭幸福、健康快樂地

生活下去。可我並不知道，就在二姐為孩子付出，為工作忙碌的同時，她和姐夫的情感出現了問題，這讓一心為家庭付出的二姐情緒崩潰，也直接導致了她患上乳腺癌。儘管當時發現得早，可沒幾年還是舊病復發。

這一切，要強的二姐從沒有跟我說起過。每一次，我打電話過去，她都強顏歡笑說過得很好，而不希望我因為她的事在工作中分半點心。

飛機在萬米高空中穿行，我拿出紙和筆，流著淚，給二姐寫下了這一封永遠無法寄出的信。

姐：

真希望你能看到這封信，真希望你能康復，來北京看看我現在的生活。

小時候，你曾說過，長大了你要存很多錢，帶著我來北京吃烤鴨。那時候你總把家裡最好的東西統統留給我、我六一節穿的白襯衫、我最愛吃的餃子、我冬天穿的新棉襖，還有過年你省吃儉用給我存錢買的新衣服。

父母去世得早，大姐和哥哥為了養家常年在外出差，家裡所有照顧我的事情都落在你的頭上。每天很早，你就起來給我做早飯，然後喊我起床，帶我一起上學；晚上輔導完我作業、安頓我睡下，你又開始給我洗衣服、做家務。很多個深夜，我從睡夢中醒來，看到你還在忙碌著，

但你從不說累。其實，你只比我大六歲，也還是別人眼中需要被呵護小女孩。

姐，這些年，我在北京挺好的，你資助我買的房，讓我在夜色裡有了溫暖的方向。我在工作中也有了一些成績，越來越多的人聽到我的聲音，我真希望，我的這些快樂，也能讓你感受到。如今，小弟有能力了，我要帶你來北京，實現我們小時候的那麼多的夢想，給你買最好看的衣服，找最好的醫生給你看病。

姐，你一定等着我，我很快就會回到你身邊……

這封信，被我小心翼翼地放在了皮包的夾層裡，想到了醫院給她看。下了飛機，轉了幾趟公車，我終於來到醫院。二姐看到我，已經昏迷的她睜開眼，流下了眼淚。

◇

幾天以後，我帶著二姐回到她所在的庫車縣。她最想看到女兒，所以執意向醫生要求轉回庫車醫院繼續治療，我和大姐知道，二姐的生命已經到了最後階段，所以滿足了她的一切要求。

一個月之後，二姐在我的懷中離去。

「兄弟姐妹，原本是天上飄下來的雪花，落到地上，結成了冰，化成了水，就再也分不開了！」

　　若干年前，看過一部電影，其中有幾句臺詞我一直記得：「兄弟姐妹，原本是天上飄下來的雪花，落到地上，結成了冰，化成了水，就再也分不開了！」

　　我知道，二姐她只是換了一種存在的方式，老天把她從我的身邊帶走。但，我的內心就是她最好的天堂。

　　二姐走後，我一直珍藏著那封未給她寄出的信，想她了，我就拿出來看，依稀彷彿她仍在我的身邊。

你所不能逃避的離別，
就勇敢面對吧

十八歲的弗蘭茨，曾在熙來攘往的火車站問自己：「一個人能承受住多少次別離？」家庭的變故、求而不得的初戀、時代無情的衝擊，都化作時間的浪潮，推著他這個時間洪流裡的純淨少年慌張而勇敢地前行。

《讀報紙的人》這部感傷卻不沉重的小說，被作者羅伯特・謝塔勒用輕鬆幽默的語言娓娓道來，讓讀者彷彿置身於二十世紀三十年代末的奧地利，在兵荒馬亂的維也納感受一個報亭學徒如何成長，如何審視自我，如何面對那個紛雜的世界。

我的第一次別離，在十六歲那一年。那年，我中途輟學，準備遠赴他鄉討生活。還記得離別的前夜，我問大姐，工作了有什麼好？大姐對我說，工作之後，你每個月就能有固定的錢自己支配，想吃什麼就吃什麼。那時，我那麼饞，這個回答讓饑餓的我興奮不已，卻絲毫沒有意識到即將到來的殘酷的生活和撲面而來的紛擾，將會給一個十六歲的少年帶來怎樣的挫折和磨難。

一場暴風雨，催生了弗蘭茨生命中的第一次別離。這個生長在薩爾茲卡默古特的漁村男孩，迫於家庭生計，在母親的安排下要去維也納一家報亭當學徒。弗蘭茨就像翅膀剛剛長硬的雛鳥一樣，被母親從舒適安全的鳥巢裡推了出去，不得不獨自面對偌大的世界。不論身處在哪個時代、哪個地方，孩子與母親第一次離別時的情緒都是一樣的。

弗蘭茨沒有做過任何關於別離的心理準備，他驚慌失措得說不出

話來。而弗蘭茨的母親，用一個突如其來的耳光表明了她的決心。這一次，弗蘭茨是真的要離開母親的庇護，像個大男孩一樣出去闖蕩了。其實要去闖蕩的地方，只是弗蘭茨母親一位老朋友的小報亭。曾在戰爭中失去一條腿的賣報翁奧托·森耶克，開了近二十年的報亭，他教會了弗蘭茨怎樣給不同的顧客介紹報紙，告訴他報亭的經營與政治之間那絲絲縷縷的關係，以及雪茄對於一個報亭的意義等等。

和弗蘭茨一樣，在那些離別的日子裡，我承受著孤獨和疲憊。

在一次一次內心的衝撞和現實的掙扎中，我找不到前行的方向。唯有用我最喜愛的廣播來解憂。

◊

修理廠的師傅大都淳樸，繁重的體力勞動和戈壁灘上貧乏的業餘生活早已將他們對生活的希冀和憧憬沖刷磨滅。所以，師傅們對我業餘時間喜歡聽廣播頗為費解。

有一次，我跟關係最近的師傅說起，有一天我想走出戈壁，成為一名播音員。聽完後，他語重心長的對我說：「其實每一代年輕人都有自己的夢想，我又何嘗不是呢？可現實是殘酷的，走出戈壁，外面的世界是怎樣的，誰也不知道，你會遇到什麼困難，生活問題怎麼解決，這些，你都想過嗎？」

後來，他還打了一個讓我無比絕望的比喻：「我們都像是如來佛

手裡的孫悟空，縱使是孫悟空會七十二變又如何，也終是沒能跳出如來的手掌，更何況我們這些沒本事、沒背景的普通人呢？」

那天，我的心情異常灰暗，我理解師傅的話，對於我們這些沒走出過戈壁，常年待在這個石油大院裡的人來說，大院裡的一切就是我們的天地。儘管在這裡，工作收入微薄；儘管在這裡，沒關係、沒背景，但只要靠著這單位，就能旱澇保收，就能安穩過一生。

而外面的世界，一切都是未知。

未知，就意味著不安，意味著動盪，意味著朝不保夕、困難重重。

不過，十年之後，我還是選擇了離開，懷揣著尋求改變的心……。

◊

弗蘭茨的生活裡，也有一個師傅，奧托‧森耶克。在他眼中，看似嚴肅冷淡的奧托‧森耶克其實有著一顆善良正直的心。一九三八年，納粹德國入侵奧地利，數以萬計的猶太人被迫害，流離失所。面對瘋狂的世界，奧托‧森耶克沒有丟失他的理智，遇到不公的對待，他會勇敢地站起來說話。

只是，最後他還是被陷害入獄，因為莫須有的罪名丟失了性命。

對於師傅的言傳身教，弗蘭茨始終謹記於心，並時刻像他一樣清醒地堅守著自己心中的正義。

在幾百萬被打壓的猶太人中，有一位是著名心理學家，西格蒙德‧

弗洛伊德。弗蘭茨與這位年邁的心理學教授成為了朋友。年輕的弗蘭茨給弗洛伊德帶來了久違的活力，這活力是與精神診所裡渾渾噩噩的病人們完全相反的生命力。佛洛伊德像一位精神導師，也引導著弗蘭茨去思考愛情、女人和欲望。弗蘭茨因此開始剖析自我，探索自己的夢境，尋找外界與內心之間的平衡。

只是，作為猶太人佛洛伊德最終不得不背井離鄉，舉家搬離維也納。弗蘭茨在目送教授上火車之後，深深地感受到自己對世事與時局的無可奈何。

時間像河流，帶著你順流而下，並給你展示每一件事情的真相。

果然，離開之後的動盪和不安，逐漸顯露出來，我身在其中，時常迷茫，也時常問自己，這樣選擇，到底值不值得？在一步步前行的過程中，跌倒過無數次，卻因知道沒有退路可回頭，只好硬著頭皮繼續走。原來，這世界所有的堅定，都來自於置於死地後的無可選擇。

但和弗蘭茨相比，我的生活還是要平順很多。和平年代裡，畢竟不用遭受那麼多大時代背景下的動盪與顛沛流離。相比而言，弗蘭茨的生活經歷了太多年輕人無法承受的動盪了。

在普拉特遊樂場裡，弗蘭茨對波西米亞女孩阿娜茲卡一見鍾情。阿娜茲卡第一次不告而別後，弗蘭茨魂牽夢縈、夜不能寐，他認為自己戀愛了。可這戀愛只是弗蘭茨單方面的。女孩有自己的生活、有自己的工作和必須去留的地方，這些跟他弗蘭茨無關。對此弗蘭茨感到

他是如此無能為力，他只能在自己的思念裡輾轉反側，尋找消釋痛苦的辦法。

與女孩的離別，像當初母親的那個耳光一樣突然。

而當時過境遷，弗蘭茨如同勇士一般在納粹面前保護阿娜茲卡時，他卻發現自己心愛的女孩早已選擇了力量更強大的一邊。儘管弗蘭茨也早已不是剛來維也納時的那個不諳世事的小男孩了，但他仍然感覺到自己的渺小、無力。他無法留住所愛之人，更無法與這個瘋狂的世界抗衡。

於是，弗蘭茨開始用自己的方式對抗那個時代。夜裡狂奔的身影、被摔落的納粹旗幟、在風中立起的單腿褲子，是弗蘭茨對納粹世界的嘲笑，也是對自己痛苦的解脫。

◊

七年之後，弗蘭茨曾愛過的阿娜茲卡回到了報亭，或許她終於想要過安穩生活了。可陳舊的報亭早已被時間塵封，曾說要帶她回到家鄉薩爾茲卡默古特結婚的弗蘭茨已無處可尋了……他們之間，成了永遠的別離。

弗蘭茨，永遠留在玻璃櫥窗上的夢境裡、天竺葵閃著光芒裡，綻放一縷紅色的、柔弱的希望之光，搖曳在努斯多夫那座小漁房的窗外，也搖曳在無數在別離中成長的人們心中。

原來，這世界所有的堅定，都來自於置於死地後的無可選擇。

日子過得愈長，生命便顯得愈短。

這一生，我們一直都在別離，有時，是必須要離開；有時，是必須要留下。這，就是生活吧。在別離中明白生命的殘酷，在別離中經歷愛恨糾葛，在別離中慢慢找到前行的方向。

別離，讓我們迷茫，也讓我們不斷地成長。

誠如，別離中從男孩變為男人的弗蘭茨。

青春，
就得讓明天的你感謝今天的自己

　　一位留學海外的聽眾小 H 對我說，他在海外過的孤獨而迷茫，不知道什麼時候才能適應，不知道未來究竟會是什麼樣子。

　　「你現在的生活是什麼樣的呢？」我問小 H。

　　他告訴我，身邊其實有很多來自中國的學生，但是他們和自己過著完全不同的生活。最初，大家都是初到異國，面對語速超快又帶口音的外語、面對不知如何下口的食物，以及完全難以適應的文化衝擊，都感到無所適從。

　　但是很快，大部分留學生就開始成群生活了，他們一起吃飯、一起上課、一起打遊戲，一到節假日還組團遊遍歐洲各國。然而，小 H 卻不能，不是不願意和他們成群，而是因為他的家庭。他沒有多出來的錢，來和他們一起消遣遊玩。家人為了實現他的求學夢，已經搭上了半生積蓄，所以他不能像他們那樣不受物質條件的約束，任性瀟灑。為了不給父母增添更多的負擔，小 H 的課餘時間就全都用來做自己並不喜歡的兼職，好以此來賺取自己的生活費。

　　除了兼職的無奈和辛苦，對家鄉的思念也深深地折磨著小 H。他不能像別的富二代留學生那樣，隨隨便便就買張飛機票回中國的家裡住幾天，便只能任思念將自己吞沒。在想家想得睡不著的夜晚，他只能選擇跟房東家的老奶奶聊天來分心。

　　對小 H 而言，學校裡的學習任務也並不輕鬆。教授在每堂課的下課前，都會發下來一大疊學習資料，供學生閱讀。如果學生願意，可

以就此寫一篇小論文發給教授審閱。這，並不是強制性的作業，寫與不寫全憑自願。絕大部分中國留學生，在拿到學習資料後，隨便將它塞進包就奔向酒吧或者賭場了，然而，小 H 卻將它們工整地裝進書包，走進圖書館，認真地對照著其他書籍仔細研究起來。但由於語言應用不熟練，小 H 總是感到困難重重，每堂課後辛苦寫出來的小論文，也總是被教授用紅筆批得密密麻麻。

於是每天，小 H 除了要寫當天的小論文，還要花好幾個小時，修改前一天的小論文。

就這樣，在離家幾萬公里的異國他鄉，小 H 的每一天都過得辛苦而忙碌、要上課、要做功課、要兼職。因此，他感到無比的孤獨和迷茫，不知道這樣的日子還要持續多久，不知道自己什麼時候才能適應這樣的生活，也不知道自己的未來到底會是什麼樣。

他很羨慕那些富二代，羨慕他們的瀟灑自在、羨慕他們的無拘無束，然而他卻似乎永遠無法和他們一樣。

◊

微信平臺上，有個九零後姑娘問我：「為什麼公司裡所有的人都討厭我加班？」

我聽了好奇，請她仔細講講。她說：「公司裡所有人都討厭加班，五點半剛下班就紛紛往外走，見我留下來加班，每每都冷嘲熱諷，說

我假裝勤奮。我覺得好委屈，我只是想把當天的工作認真檢查一遍，再看看有沒有更多可以學習和改進的地方。」

關於加班，我聽到過太多年輕人的抱怨。

同齡的哥們兒和女友愜意地去看電影，自己卻只能埋頭工作；假日裡，閨蜜已經踏上去往異國的新鮮旅途，而自己卻遠離遊人如織的景點，在辦公桌上匆忙度過。每天晚上，披星戴月地回到租住的房子裡，疲憊不堪地倒在床上沉沉睡去，第二天又是如此這般度過。日復一日，彷彿永遠沒有盡頭。

關於加班，我還聽過很多人的吐槽，說加班是最無用的勤奮，它要嘛說明公司的人員配備不合理，要嘛說明你的能力欠佳。

那麼，辛苦勞作、加班加點，真的遭人討厭、毫無價值嗎？

關於加班，還是來說說我自己吧！做主持人的這些年裡，我一直是辦公室裡加最多班的那一個。最初進台的那幾年，因為我文化底子薄、業務基礎差，所以加班加點熟悉業務和學習知識，是我盡快適應台裡快節奏工作的唯一方法。那時，同一個頻率裡，最早到辦公室的那個人肯定是我。

每天，簡單地打掃過工作間之後，我就開始了一天的忙碌：先清嗓練聲，然後回聽一些優秀主持人的節目。這些預熱工作結束後，我才開始編輯自己的節目、寫稿、聯繫嘉賓采訪，然後錄音，並且還要不斷地回聽、修改，這樣的過程通常會持續好幾個小時。

幾個月之後，我開始上直播節目。一些有經驗的同事，通常不會花太多時間做準備，他們確定話題後，拿著音樂光碟，就能瀟灑地完成直播，大不了話不夠、音樂湊。而我做節目的經驗少，所以每一期都很認真地編排，反覆研究從哪段音樂的節點開始說話、又得從哪個節點結束，稿件中的每一句話該如何措辭、嘉賓的問題該怎樣編排等等。所有直播中可能出現的情況，我都要在準備過程中提前設計好、想好預案。

　　那時，常有同事問我：「一期節目為什麼要準備那麼久？」還有人見我週末還在辦公室裡加班，就調侃說：「難怪你沒有女朋友。」面對這樣那樣的質疑，我總是不知該如何回答才好，但是現在想來，那些加班的日子，真的是我業務成長最快的一段時光。

　　事實上，加班的確是一種最常見的工作狀態。當然，如果是公司的人員配備不合理，那麼你的確可以趕緊走人；但實際上，絕大多數情況並不是這樣，而是你自己的業務能力有待提高。

◇

　　最後，說說我的一位朋友，曾經的職場「倒霉王」。

　　曾經，我有位朋友苦笑著對我說，她簡直是職場中的「倒霉王」，工作沒多久就遭遇全員大改制，不但被調到自己不想去的崗位，還遇到了處處壓制自己的頂頭上司。而且因為她性格內向，總不願和其他

同事一樣，去討好那位女上司，所以便經常被派出去義務跑腿、義務處理各種瑣碎事務。而一旦專案遇到問題，女上司也總會最先安在她的頭上；就算是項目圓滿完成，她的功勞也總會被刻意忽略。

剛開始，這位朋友氣不過，憑什麼自己要受到這樣的對待？但平心而論，這個崗位的確能給她帶來更多的挑戰、更多的收穫。在這個崗位的三年時間裡，雖然壓力大、受排擠，但是在數不清的加班的深夜，她惡補專業知識、勤練業務水準，一項項梳理自己的工作流程，努力端正工作態度。

儘管三年來，她的工資沒漲多少，但收穫之大，卻是以前的自己想都不敢想的。等到三年的勞動合同到期，這位朋友迅速辭職，應聘去了一家業內排名更高的公司。很快，憑藉著豐富的經驗和優秀的業務素質，她披荊斬棘、過五關斬六將，很快就拿到了心儀已久的 offer。

三年後，這位朋友對我說：「那些加的班，只要不是無意義地乾坐著聊天、打瞌睡，總不會白費的。」

於是，我對小 H 說：「你根本無須羨慕那些富二代，在國內，很多和你同齡的年輕人都很羨慕你呢，羨慕你的家人有能力無條件地鼓勵和支持你的求學夢，羨慕你不但已經站在了一個比較高的起點上，還在此基礎上不斷努力。所以，儘管你的生活並不會一下子就呈現出美好的前景，但只要你不放棄，總會一點點好起來。這段經歷也許現在並沒有顯現出它獨特的意義，但當你進入下一個人生階段的時候，

回頭看，你就會發現，正是這段孤獨而迷茫的歷程，為你的未來奠定了堅實的基礎，讓你可以在未來的某個時段，以最快的速度爆發出巨大的能量。到時候你就會知道，自己曾經吃過的苦、自己曾經受過的委屈，都是暗藏的人生財富。而現在你能做的，就是堅持下去，為了愛你的人、為了你自己，全力以赴。」

對那位九零後姑娘，我則說：「你看那些傻傻地聽了加班無用論的人，換了一家又一家公司，到頭來發現，沒有一個地方的新人是不用加班的。努力從來不丟人的，只有不想努力工作的人，才會覺得努力沒用。他們總是理所當然地以為人生有一條通向成功的捷徑，卻從來不相信，一個人必須非常努力，才能在職場上遊刃有餘。人生的路，沒人替你走；青春的夢，沒人替你圓。提前吃苦總是有意義的，只是愈早吃的苦，愈無人知曉，愈需要用成熟的心智和超人的毅力去面對。工作之後的努力總會有或多或少的物質回報，而年少時迷茫而看不到收穫的付出，更值得被稱道。」

的確，人生有無限可能，職場中瞬息萬變，可能會發生的情況有很多。有時，儘管我們拚命向前、努力工作，卻還是會因為這樣或者那樣的原因而感到壓抑和迷茫、無奈和埋沒，遇到這樣的情況，不必太擔心，只要燃起鬥志、砥礪心智，總會有進步。

自己曾經吃過的苦，自己曾經受過的委屈，都是暗藏的人生財富。

◇

對年輕人來說，學習和工作的頭幾年，就是最好的升值期。在這幾年，學東西最快、犯錯又最容易被原諒，唯一的代價不過就是多受點累而已。所以，並不是所有的努力都沒有未來，並不是所有的加班都毫無價值，有些加班就是年輕人該吃的苦。因為在不遠的將來，必定會有新的機遇在召喚你，就等你盡早準備好。

這世上，哪有沒吃過苦就成功的人。不加班的青春，的確看起來無限瀟灑、肆意放縱；的確可以暫時地閒適愜意、無拘無束。但，沒有付出，又怎會收獲到回報呢？你是選擇用年輕的生命，去透支未來的輕鬆，還是選擇在下班後多加一小時的班，在辦公室裡拚盡全力、愈戰愈勇，為那遙遠的、看不真切的未來簽下一份力透紙背的擔保書？

下班後的一小時，有時候真的可以決定一個人的未來。在日日夜夜的辛苦加班之後，等待著你的，可能就是嶄新的人生。所以，不要等到無路可走，才後悔自己沒有拚盡全力。不想努力的時候，問問自己，我憑什麼？

加班的青春，也許的確色調單一，走筆模糊。但這世間，沒有哪一副絕世畫作不是從空白的紙張上起筆的，那些底稿儘管潦草不成形，但經歷漫長歲月的著色與修飾，終會成就世間僅有的絕色。

到那一天，你就會知道，那畫卷背後的執筆人所經歷的苦與淚、痛和難，都是人生歷程中最難能可貴的寶藏。

這世間，沒有哪一副絕世畫作不是從空白的紙張上起筆的。

即使愛得深沉，
也別讓自己活到卑微裡

任何情感，在萌芽之初，都極其微弱，卻又無比堅韌。它長在心靈深處，鬱鬱蔥蔥，無人知曉；它穿過孤獨，肆意生長，一意孤行。

惱人的思緒，總會在夜半席捲而來，四周喧囂落定，內心如起伏的海，難以平息。我常常在凌晨時分，看到小茹發來的文字，最初是一百四十個字的微博，後來是一封一封的來信，在這樣「狂轟濫炸」般的書寫傳遞裡，她的故事慢慢清晰完整起來……。

大一，入學不久，小茹認識了佳明。

那天，她抱著新發的書往教室走，在拐彎處，撞到了一個人。正是秋天，男生穿了一件白色的球衣，抱著一顆籃球，高高帥帥地，站在她的面前一笑，露出潔白的牙齒。小茹一直記得那個情景，那男生對她說抱歉，同時，把額前的散髮向上撩了撩，也就是這個動作，從此住進了小茹的心裡，如定格的畫面。

喜歡打籃球的男生，應該是籃球場上的常客，而並非舞蹈房裡的明星，亦非圖書館裡的書呆子。然而，小茹卻打聽到，那男生，高她一屆，是學校街舞社團的學長，學的是數學，最喜歡泡在圖書館裡攻克數字迷宮。這讓小茹心裡生出些微欣喜。

那時，小茹很矮，雖不算胖，可四肢從沒有協調過，但她還是決定去那個社團學街舞。正式加入街舞社之後，小茹每週有兩次機會，能夠看見他。每一次，看他投入地舞蹈，沉浸在 HIP-HOP DANCE、Breaking 和 House 旋轉的節奏中，直到汗水浸濕全身，小茹都感到心裡

濕漉漉的，情愫蔓延的心裡彷似有一顆種子被浸透，長啊長。

　　有一次，小茹終於有機會和他聊天。他笑著說，不能理解，為什麼小茹每次訓練都想辦法偷懶，他說，練舞真的是一種享受。打那以後，小茹便不再偷懶，每次訓練都踏踏實實地認真完成，每次都和他一樣，滿頭大汗。

　　一次訓練結束，佳明問小茹，要不要一起去聚餐。沒等小茹開口推辭，佳明就回過頭對大家說：「今晚加上小茹，我們一起聚餐。」

　　吃飯的時候，佳明義正辭嚴地對小茹說：「哎，你要多吃點，你看你瘦的，肯定找不到男朋友。」小茹有些莫名感動，看看周圍的女生，沒有一個比自己胖，突然覺得有些心跳，就埋頭使勁吃。小茹的飯量，竟然吃贏了在場的三個大男生。

　　後來，社團每次聚餐，佳明都喊上小茹一起，佳明這樣對小茹解釋：「大家說，帶上你吃自助餐不吃虧。」小茹抬頭看向佳明，問他：「只是因為吃自助餐不吃虧嗎？」佳明很好看地笑了笑，把手搭在她的肩上，側著腦袋對她說：「還因為你吃飯的樣子好看又有趣啊，而且，你這麼矮又那麼瘦，一定要多吃點嘛。」說完，佳明還頑皮地在自己身上比劃了一下小茹的身高。

　　佳明一百七十八公分，小茹一百五十八公分，就好像一抬頭就能說愛你，但隔了二十釐米的距離，剩下的，便只有仰望。

任何情感，在萌芽之初，都極其微弱，卻又無比堅韌。

◇

小茹和佳明的關係愈走愈近，可以旁若無人肆無忌憚地勾肩搭背，可以一起吃飯、一起跳舞，可以一個打球、一個喝彩，可以一起泡在圖書館裡看書……只是，也不過僅此。

室友對小茹說，這是危險信號，關係愈好，你們就愈不可能成為情侶。小茹有一瞬間的落寞，可是，她無從改變，她既不願刻意地疏遠他，也不敢讓他看見自己心裡那搖曳肆意的愛。小茹喜歡佳明，她想和佳明成為好哥們之外的另一種關係，像其他的校園情侶一樣，可以牽手，可以擁抱，甚至，可以接吻……但是，和佳明相比，自己那麼平凡，還那麼矮……。

小茹一個人的時候，常常會嘆息，自己真的是愈來愈胖了。從大一到大三，和佳明認識三年了，她已經從剛入學的一百零五斤，長成了一百三十斤。而佳明，卻愈來愈帥，喜歡他的女生，可以排成一支單隊。

有一次社團聚餐，一名女生拿出一封信遞給佳明，說是同宿舍的女孩寫給佳明的。大家起哄讓佳明唸出來，佳明不肯，還羞紅了臉。有人搶了過去，大聲讀起來，沒想到，那女生在信裡說，這是兩年來，她為佳明寫下的第一百二十一封信，請佳明做她的男朋友。

小茹心裡一緊，默默念叨：一百二十一，多麼龐大的一個數字啊！

佳明並沒有伸手去奪回那封信，而是難為情地笑了笑，餘光看向

小茹。小茹低著頭，拚命往嘴裡扒飯。

　　兩年多來，那女生一直愛慕著佳明，可惜，電影裡《一百零一次求婚》的人生喜劇並沒有在現實生活裡上演，佳明從來沒有回過信。

　　那次聚會後，小茹決定，讓自己心裡的愛始終只搖曳在自己的心裡。如果說，她曾經想將它亮出來，展示給佳明看，那麼如今，她只想將它深埋在心底。對於佳明，她有了深深的怕，她怕他們連朋友都做不成。

　　那幾年，小茹特別喜歡聽一首老歌，歌名叫《愛你怎麼說出口》。有一次，佳明偶爾摘下她的一隻耳機，塞在自己的耳朵裡。過了一會兒，扭頭問她：「你怎麼喜歡聽這麼懷舊的老歌？」

　　她突然不安起來，奪過耳機，扭過頭，不去看他。那一刻，小茹是那麼恨自己，恨自己懦弱，也恨自己卑微。懦弱的，是自己始終不敢對他說出自己的真心話；卑微的，是自己因為愛他而每晚都夢到他。

　　◇

　　小茹大三那年，佳明大四，在一家外企實習。那年的元旦晚會，街舞社團決定請佳明等幾個前輩回校，幫大家排一支舞。宿舍的小姐妹知道小茹一直喜歡佳明，就慫恿她趁此機會向佳明表白。小姐妹替她寫好了情書，想好了臺詞，可是，小茹拒絕了，她還是只能做自己。

　　就這樣，躊躇著、糾結著、磨蹭著、等待著，一次次想要張嘴說，

一次次落寞地低下頭。

　　元旦晚會很圓滿，大家照例在一起吃飯、喝酒。不過，這一次很多大四生都不再是孤家寡人，佳明也不能免俗。

　　就在那一晚，小茹見到了佳明的女朋友。

　　那晚，小茹喝醉了。

　　聚會結束的時候，天空下起了小雨，佳明扶起醉得一塌糊塗的小茹，對她說：「我送你回去。」

　　小茹踉蹌著掙脫，留給佳明一個恍惚的背影。

　　有誰看到小茹那一晚的眼淚？

　　伸手不見五指的夜，看到了。所以，陪她一起，掉下了眼淚。

◊

　　大三即將結束的時候，小茹終於開始了真正屬於自己的初戀。這一次，真的應有盡有，情書、約會、看電影、賭氣、流眼淚，像所有情侶一樣談著戀愛。只是太多時候，小茹顯得心不在焉。說不上為什麼，都說戀愛中的人最幸福，可小茹心裡，總會有淡淡的惆悵。

　　那薄青瓷一樣的暗戀，已經在歲月中慢慢變冷，如同冬天來了，衣裳薄了，她要把過去藏在心裡才好。

　　大四畢業前，街舞社的社長召集了所有能聯繫到的、還在北京的成員，來一場「最後的狂歡」。小茹猶豫很久，輾轉聽說佳明也去，

才最終決定參加。

那一天，大家喝得都有點多，有人提議，玩個遊戲吧，真心話大冒險，說當年誰暗戀過誰，一定要說出來，大家認為對，就喝酒，不對，就自罰。還沒有輪到自己，小茹就心如撞鹿，渾身發抖。

先輪到佳明，他側頭看了看小茹，又一次很好看地笑了笑，然後輕輕地說：「我暗戀過她。」

就在那一瞬間，小茹心中，那花了一年多時間，才堆砌起來的堅硬的城牆，呼啦一聲，倒塌了，那棵早已枯死的愛的嫩芽，赤裸裸地躺在小茹的心裡，淒涼而悲哀。世界都安靜了下來，小茹覺得，當時的自己，一定是進入了異次元，什麼也看不見、什麼也聽不見，宛如墜入了命運的谷底。

漸漸地，小茹回到了這個世界，她聽見有人在耳邊笑鬧著說：「佳明終於說出心裡話了，我早就覺得這小子不對勁，肯定動過人家心思。看，臉還紅了，來，喝酒喝酒。」

小茹不敢看向佳明，她說不清那一刻，自己的感受，究竟是心酸還是甜蜜。

原來，他也曾喜歡過自己，這曾是自己多麼期盼和欣喜的答案，可為什麼，直到今天才說出口。

年年歲歲花相似，歲歲年年人不同。

如果時光轉換，退回到一年前，小茹心裡那棵為愛搖曳的嫩芽，

一定會幸福地開出花兒來。可如今⋯⋯。

　　人生不是童話故事，沒有那麼多的偶然和巧合，沒有說出口的，必將永遠沉寂在心底。那層看似堅硬的壁壘，在他說出真相的瞬間，轟然倒塌，愛與不愛，也已經不再是你與我之間的話題。

　　沒錯，我還在這裡，沒錯，你也在這裡。但是，我們回不去了，回不去了。

　　◊

　　小茹的故事終於講完了，我曾經問過小茹，既然你們都心生歡喜，為什麼沒有嘗試著重新走到一起？

　　小茹嘆了口氣，輕輕地說，沒必要了，當那份蓬勃的情感已經穿越孤獨，已經脫離熾熱，所有錯過的，就只有錯過了，那棵愛的嫩芽已經枯萎，能夠留在心底的，只有它曾經搖曳蓬勃的影子。

　　也是，哪一段青春不荒唐、哪一場暗戀不受傷。生活不是電影，沒有那麼多的陰差陽錯和不期而遇。曾經相遇，總好過從未相遇。

　　不過，也只有錯過了前面的人，才能有機會遇見後面的人。

　　緣分，永遠都是無法預料的，也永遠無法重頭來過。

我一直告訴自己，「笨鳥先飛」的道理

「人人生而平等」是相對的。鳥窩裡有一群剛剛出生的小鳥，有的機靈敏捷、有的遲鈍緩慢，如果鳥類也可以測出智商和情商的話，這些小鳥在這二者上，絕對是不平等的。我，就是那隻笨鳥，而且再怎麼努力，也無法先飛上天空，甚至連齊頭並進都做不到。

從小到大，我一直都不是一個聰明的孩子，情商不高，智商也不高，如果要打分，最多也只能算勉強及格。整個學生時代，老師在我的評語欄寫的最多的一句話就是：「要懂得笨鳥先飛的道理，只要你努力，一定能和班級裡的同學一樣齊頭並進的。」

好吧，我承認，我是隻笨鳥。

小時候，最讓我抓耳撓腮的就是數學，無論怎麼努力，我的數學成績都像落隊的烏鴉，好歹就是飛不起來。至今還記得，一九八六年，讀小學六年級的時候，我每天都對著應用題發愁，那時候，應用題簡直就是我的噩夢，白天讓我頭疼不已，晚上攪亂我的春秋大夢。那讓人抓狂的應用題啊！

「水池有一個進水管，四小時可以注滿水；池底有一個出水管，六小時可以放完滿池的水，如果同時開進水管和出水管，那多少小時可以把空池放滿？」上帝，是誰發明了這樣燒腦的應用題！就算是老師講過無數遍，只要題目稍稍一變，我就陷入困惑。那時候，一看見應用題我就頭皮發麻，腦中一片空白，然後就是狂想上廁所，恨不得逃離地球。以至於晚上總做噩夢，夢裡對著數學試卷，心臟狂跳，緊

張到四肢抽搐。

那時，總有「別人家的孩子」，一起讀書時，應用題聽一遍就會了，還能舉一反三，學任何新知識新概念也總是一點就透。唉，當時面對這些「別人家的孩子」，我總是羞愧難當，每次走在校園裡，看到他們春風滿面地迎面而來，我就恨不能找個地縫鑽進去。

直到現在，我還常常夢見自己趴在小小的課桌上，面對著慘白的數學考卷，上面是各種看不懂的應用題。然後，在漆黑的夜裡，猛然醒來，才意識到剛才的一幕，不過是一場噩夢，於是長出一口氣，慶幸自己已經走過了那段歲月，再也不用面對迷宮一樣的應用題了。

◇

進入初中之後，我的噩夢裡便又多了物理和化學兩張考卷，那些物理公式和化學元素讓我永遠都找不著方向。其實我每天都很努力，我花大量的時間看書、做題，可那些調皮鬼一樣的公式和元素，總愛捉弄我，將我的試卷塗成一張張布滿紅叉的醜陋大花臉。以至於每次公布考試成績時，老師都不得不在笑容滿面地發完「別人家的孩子」的卷子後，在我面前上演變臉絕技，將一張京劇裡壓抑而嚇人的黑臉，呈現在我的面前。

在我的學生時代，最慘痛的記憶就是初三那年的化學考試。當時，全班只有三個學生沒有及格，我就是其中之一。至今我還記得，化學

老師走到我身邊，皺著眉頭，痛心疾首地教導我。當時，他並沒有批評我，然而在我聽來，卻比批評和訓斥，更讓我無地自容。我低著頭，聽他一字一句地說著，時光在那一刻，像被照進了凸面哈哈鏡裡，被無限地拉長，長到連我的內心都自卑起來。

十六歲那年的冬天，輟學的我走進了修車廠。和我同一批招工進廠的，還有十幾個同學。

◇

離開了學校，走進了工廠，我想重頭開始，不再做大家眼裡的「笨鳥」。於是我不怕吃苦，幹活絕不惜力。那時，班長常常表揚我：「我最滿意的是，小馬幹活不怕髒、不怕累，還主動承擔別人不願意幹的揭油底、扒輪胎的活兒。」的確，誰都承認我最能吃苦，但是和我一起進廠的同學們，最終還是比我更早地開始接觸那些更有技術含量，更輕鬆的工作。

二十二歲那年，我狂熱地愛上了播音。親愛的讀者朋友們，千萬不要以為我有播音的天賦。有一次，我專門請了一週的假，去參加新疆人民廣播電臺的老師在新疆昌吉舉辦的播音培訓班。在那個培訓班裡，我見到了來自全疆各地的播音員，我是少數幾名業餘學員之一。

在那一週裡，我成了培訓班的「開心果」，只要一輪到我讀稿件，大家就前仰後合地笑作一團。一篇幾十個字的新聞稿讀下來，老師常

常要打斷我七八次，不斷地糾正我的發音和吐字。於是我只好一次次尷尬地摸著頭髮，慚愧地衝老師和大家歉意地傻笑。

二十七歲那年，來北京尋夢的第二年，我決定參加成人高考。成人高考只需要考四門課：數學、語文、英語、政治，滿分四百分，只要考過一百九十分，就能讀成人大專。對於參考的大多數人來說，一百九十分難度並不算大，相對而言，比上學時考六十分還要容易一些。可就為了那一百九十分，我沒日沒夜地複習了半年。那時，我在當時的北京廣播學院上進修班，早晨九點上課、下午四點下課，其餘的時間，我都在複習那四門功課。對於初中沒有畢業，而且中斷學習十年的我來說，要跨過一百九十分這道門檻，是那樣的艱難。

三十歲那年，我幸運地通過了中央人民廣播電臺面向全國的招聘考試，成為當時的《都市之聲》頻道的一名主持人。可入職三個月後，和我同一批進台的八個人中，有六個都轉成了正式聘任，還有一個去了電視臺，只有我因為學歷低，沒經驗，不能轉正。當時，頻道總監還暗示我：「你可以自己出去找找機會，別在一棵樹上吊死。」聽到這句話的那一刻，我只覺得渾身發冷，眼淚差點奪眶而出。

直到三十二歲，我才終於考上了傳媒大學的在職本科。那時，我每晚都要做直播節目，而每個週五、週六、週日的白天都要到傳媒大學去上課。整整兩年，我幾乎所有的節假日都泡在了傳媒大學的校園裡，儘管我是那樣努力，但因為底子太薄，學起來還是很吃力。

三十五歲那年，我讀傳媒大學的在職碩士。好吧，我承認，我是班裡歲數最大的那個，一起上課的都是剛畢業沒幾年的年輕人，課間同學們討論的話題，對我來說永遠像在聽天書，哪一件都覺得好奇。一年半後畢業答辯，我是那屆同學中唯一延期的一個，我認真地寫了又寫的論文，改了十遍才最終通過。唉，當時導師一看到我就撓頭。

我一直都是一個笨小孩。

我是那隻笨鳥，而且不管怎麼努力，也沒法先飛上天空。

我的身邊永遠站滿了比我優秀的人。他們總會比我搶先爬上一座座高峰，站在我難以企及的制高點上。

所幸，笨小孩也有笨小孩的活法。

小學時，我的應用題不好，但我總是一遍遍擦乾眼淚，繼續做題；中學時物理化學沒學好，在那之後的很多年，我都在啃那些課本，即使我已經離開校園，成了一名修理工，修車時，我除了主動承擔那些沒人願意幹的苦活、累活，幹完手頭的活之後，我就趕緊去給師傅們打下手，觀察他們如何完成那些技術含量高的工作。

雖然成人高考，我最終也只是勉強通過，但在此後為期兩年的大專學習中，我始終沒有鬆懈。大專畢業那年，我成了我們班裡唯一一名校級優秀畢業生，我的英語統考成績是全校最高的，播音專業課的成績也名列前茅。

進入中央人民廣播電臺後，在同批考進電臺的主持人和播音員之

中，第一個被台裡評為「十佳」主持人的就是我。如今，和我同批進台的主持人裡，只有我還在話筒前工作，我主持的節目獲選中央人民廣播電臺十佳欄目，還在各種評選中多次獲得優秀。

我是隻笨鳥，也沒有先飛，於是，在數不清的受挫中，我用尷尬、慚愧、自卑、羞澀和無奈來應對自己的笨拙。我一天天努力地走下去，哪怕每天只前進一點點、一點點，三百六十五天下來，總也能夠前進一步。

◊

在日復一日的堅持中，我逐漸明白，暫時的困難和磨難其實不算什麼，人生很長很長，我們需要的，不僅僅是熱情，更要有行動、有毅力。

事實上，一路走來，我的確也從未想過走捷徑，因為我沒有捷徑可走。

說實話，我恨過自己，恨自己那麼笨，恨自己不開竅，可我就是我，我總歸還是那隻笨鳥，不管我多麼努力，就是不能先飛。所以最後，我還是那隻笨鳥，用最笨的方法一步一個腳印地前行。

一路上，我克服了各種困難、拒絕了各種誘惑，因為我是笨小孩，所以只能做好一件事，因此，我的目的地只有一個，只能有一個。

這世界，有夢的人很多，能堅持到底的人卻很少。

哪怕每天只前進一點點、一點點，三百六十五天下來，總能夠前進一步。

人生就像一場馬拉松，剛開始時熙熙攘攘，你追我趕；跑到半程，競爭者愈來愈少；愈往前跑，愈敞亮，能跑到終點，衝向那根紅線的人，其實並不多。沒有誰可以從起跑線上看出輸贏，那些出其不意跑出好成績的人，都有一個共同的特點：他們一直保持著前行的姿態，從不偷懶，從不懈怠。

很多人說成功是一座獨木橋，但是，它並沒有我們想像的那麼擁擠，因為能一直堅持下去的人，並不多。

「人人生而平等」是相對的。

鳥群裡那群剛剛出生的小鳥，雖然在智商和情商上，絕對是不平等的。但都有一場漫長的生命旅程在等待著它們。就算是那隻笨鳥，只要肯努力，最終還是能夠飛上天空的。

「對於人與人來說：平等和堅韌，這是最重要的。」

在時間面前，我們都有平等的一生。希望，我們都不要那麼早就放棄。希望，再笨的鳥，都能堅韌地張開翅膀，最終飛上長空。

生活中的微光

* 我們或經歷挫敗、失落、徬徨和掙扎，但是不輕言放棄才對得起曾經的選擇，以及一直的付出。

* 我們都曾有夢想，在追夢的路上，有人一直堅守、有人半途放棄、有人誤入迷途、有人跌倒後站起來，重新選擇方向，繼續前行。

* 人生路上，我不要歲月平庸無趣，所以一直奮力向前奔跑；我不願輕易向困難投降，所以不斷攀登。

* 在別離中慢慢明白生命的殘酷，在別離中經歷愛恨糾葛，在別離中慢慢找到前行的方向。

* 這世界所有的堅定，都來自於置於死地後的無可選擇。

* 別離，讓我們迷茫，也讓我們不斷地成長。

* 不要等到無路可走，才後悔自己沒有拚盡全力。

* 正是這段孤獨而迷茫的歷程，為你的未來奠定了堅實的基礎，讓你在未來的某個時段，以最快的速度爆發出巨大的能量。

* 這世上，哪有沒吃過苦就成功的人。

* 沒有哪一幅絕世畫作不是從空白的紙張上起筆的，那些底稿儘管潦草不成形，但經歷漫長歲月的著色與修飾，終會成就世間僅有的絕色。

* 生活不是電影，沒有那麼多的陰差陽錯和不期而遇。曾經相遇，總好過從未相遇。

* 暫時的困難和磨難其實不算什麼，人生很長很長，我們需要的，不僅僅是熱情，更要有行動、有毅力。

我 也 走 了 很 遠 的 路
才 抵 達 心 裡 的 那 個 夢

你可知道，我走了很遠的路，才來到你的面前。

我從沒有想過，有一天可以用一本書來承載自己的故事，那些曾經的嚮往和被生活壓得喘不過氣來的日子，那些一邊抹著淚水，一邊掙扎著追逐夢想的時光，那所有的付出和堅守，似乎在這一刻，終於沉澱出滿掬滲指的重量。

這些年，我穿梭在一檔又一檔節目中，小說演播，生活服務，讀書，或者情感，我在節目中閱讀書裡的故事，分享別人的故事。這一刻，我用一本書，講述自己的故事。

我的故事和一個個數字有關。

十六歲，我是新疆戈壁灘上的一名汽車修理工，在我所工作的那個修理廠，我這個工種是最不起眼的。

夏天，故鄉動輒三十幾度的高溫，讓我無處躲藏，工作服遮擋不

住的臉和手臂常常被曬得黝黑脫皮，渾身上下沾滿油污，無論怎麼洗，手指甲縫總是洗不乾淨。

冬天，同樣的二三十度，不過是零下。我穿著厚重的棉襖，一次次地趴在雪窩裡，扒油底或裝底盤。耳朵凍得通紅生疼，頭髮和眼睫毛上結滿了一層層冰霜。

但在工作之外，我的生活開始被一些神祕的東西牽引著，它們為我打開了一扇通往外面世界的視窗，讓我知道，生命裡還有那麼多的精采值得我去探尋……。

於是，二十六歲那年，我拿著十年打工存下的錢來到北京，開始在這座城市溫暖的陽光下，試煉為夢想綻放的一雙翅膀。

經歷了一次次的跌倒和爬起，一次次地自我否定和重新修正後，我慢慢確定了自己未來的路，從此風雨兼程，浮沉不悔。

三十歲那年，我第一次走進中央人民廣播電臺的大門，這個我曾無數次在故鄉的大喇叭裡，在深夜的半導體中聽到過的地方，為我敞開了大門。我見到了那些聲音背後的溫暖面孔，她們離我如此遙遠，又如此切近，讓我常常恍惚自己是否身在夢鄉。

　　這些年，我哭過，迷惘過，也曾徬徨無助，也曾疲憊困頓，但最終，還是一點點地支撐下來，離我心裡的那個夢，越來越近。

　　如今，我的夢還在繼續，在北京這座龐大的城市裡，我一筆筆書寫著自己的故事。每一步都異常艱難卻又堅定無比，每一步都浸滿了汗水和眼淚。

　　這些年，常有人從紛擾的人群裡走出來，走到我身邊，對我說他曾在某個深夜聽過我的聲音，它是那這樣樸實和真摯，那聲音讓他確定，我一定是一個有故事的人。其實每一個竭力盛放過的生命，都承載了許多值得被永遠記錄下來的故事，有的人將它們化入酒裡，夜裡舉杯對月，淺斟獨酌；有的人寫進歌裡，擊節高唱，繞梁三日。而我

選擇笨拙地記錄下來，小心地將它們放置在最安全和最溫暖的地方，以我為載體，以時間為回溯點，與自己狹路相逢。

如果這書裡的某個故事，甚至某句話，給了素未謀面的你些許繼續前行的勇氣和信心，那麼這本書的存在也就有了意義。

我們這一生都走過太多的路，跨過萬水千山，途經良辰美景，時而為觸手可及的終點線邁步狂奔，也曾因迷茫失意而駐足徘徊，而這一刻，親愛的你，請握住我伸出的手，陪我一起坐下來，聽我讀一段屬於我們的故事。只因我走了很遠的路，只為了在這一刻，和你相遇。

在我行走很遠很遠的路上，四季輪迴，漸暖還生。
我們，都曾不堪一擊，我們，終將刀槍不入！

我眼中的世界

作者｜寶總監　定價｜320 元

不管幾次，我知道你一定會朝我伸出手，
那是一雙引領幸福的手，為了與你重逢，
我選擇迎向前去……

社畜生活：慣老闆、豬隊友全不是想像中那樣？

作者｜奇可奇卡　定價｜280 元

老闆好機車？員工愛偷懶？背後辛酸原
因，對方哪知道！一樣事件、兩種立場，
職場上只有知己知彼，才能更和氣！

有一種愛情：是你，才夠浪漫

作者｜粗眉毛　定價｜299 元

愛情有千百種模樣，舒服自在的伴侶最讓
人嚮往，最萌的情侶檔、最療癒的相處時
光，一篇篇的精采圖文，絕對讓你又哭又
笑也要一口氣看完！

貓，請多指教 3：用最喵的方式愛你

作者｜春花媽、Jozy　定價｜290 元

愛他就要先了解他……透過超萌有趣的
四格漫畫，動人心弦的互動故事，分享
寶貝們的心裡事，讓你用更體貼的方式
愛他們。

這些國家，你一定沒去過：融融歷險記 387 天邦交國之旅

作者｜融融歷險記 Ben　　定價｜360 元

那些我們在國際上的朋友，你認識幾個？除了在地圖上、新聞上看到，一個熱情又勇敢的青年，決定背起行囊，實際造訪。

真正活一次，我的冒險沒有盡頭！從北越橫跨柬埔寨，一場 6000 公里的摩托車壯遊

作者｜黃禹森　　定價｜380 元

這是一場與自我對話的冒險之旅，以青春和熱情探索世界，要在這有限的生命中，突破自我設限，找出自己的生活之道。對他而言，這樣的人生才叫活著！

週休遊台灣：52+1 條懶人包玩樂路線任你選（增訂版）

作者｜樂遊台灣小組　　定價｜350 元

不論是想漫步山海之間、與台灣特有生物近距離接觸；還是想探索巷弄美食、深入當地的生活，帶著本書出發，就能重新感受福爾摩沙的迷人魅力！

到巴黎尋找海明威：用手繪的溫度，帶你逛書店、啜咖啡館、閱讀作家故事，一場跨越時空的巴黎饗宴

作者｜羅彩菱　　定價｜380 元

跟著文豪的足跡，造訪曾向許多文人伸出援手的「莎士比亞書店」、散步在海明威與好友結識的「盧森堡公園」裡……隨著本書體驗更多不為人知的巴黎！

I CAN

我 走 了 很 遠 的 路
才 來 到 你 的 面 前

BECAUSE I THINK I C

作　　　　者	小馬哥	
編　　　　輯	簡語謙	
校　　　　對	簡語謙、黃子瑜	
美 術 設 計	劉旻旻、劉庭安	

發　行　人	程顯灝
總　編　輯	呂增娣
編　　　輯	吳雅芳、簡語謙
	洪瑋其、藍勻廷
美 術 主 編	劉錦堂
美 術 編 輯	吳靖玟、劉庭安
行 銷 總 監	呂增慧
資 深 行 銷	吳孟蓉
行 銷 企 劃	羅詠馨

發　行　部	侯莉莉
財　務　部	許麗娟、陳美齡
印　　　務	許丁財
出　版　者	四塊玉文創有限公司

總　代　理	三友圖書有限公司
地　　　址	106 台北市安和路 2 段 213 號 4 樓
電　　　話	(02)2377-4155
傳　　　真	(02)2377-4355
E ─ m a i l	service@sanyau.com.tw
郵 政 劃 撥	05844889 三友圖書有限公司

總　經　銷	大和書報圖書股份有限公司
地　　　址	新北市新莊區五工五路 2 號
電　　　話	(02)8990-2588
傳　　　真	(02)2299-7900

製 版 印 刷	卡樂彩色製版印刷股份有限
初　　　版	2020 年 09 月
定　　　價	新台幣 320 元
I S B N	978-986-5510-37-4(平裝)

本書繁體版權由中國輕工業出版社有限公
獨家授權出版和發行

國家圖書館出版品預行編目 (CIP) 資料

我走了很遠的路，才來到你的面前 / 小馬
哥作 . -- 初版 . -- 臺北市：四塊玉文創，
2020.09
　面； 公分
ISBN 978-986-5510-37-4(平裝)

1. 自我實現 2. 生活指導

177.2　　　　　　　　　　109013281

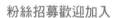

親愛的讀者：
感謝您購買《我走了很遠的路，才來到你的面前》一書，為感謝您對本書的支持與愛護，只要填妥本回函，並寄回本社，即可成為三友圖書會員，將定期提供新書資訊及各種優惠給您。

姓名 ＿＿＿＿＿＿＿＿＿＿＿＿＿＿ 出生年月日 ＿＿＿＿＿＿＿＿＿＿＿

電話 ＿＿＿＿＿＿＿＿＿＿＿＿＿＿ E-mail ＿＿＿＿＿＿＿＿＿＿＿＿

通訊地址 ＿＿＿＿＿＿＿＿＿＿＿＿＿＿＿＿＿＿＿＿＿＿＿＿＿＿＿＿＿

臉書帳號 ＿＿＿＿＿＿＿＿＿＿＿＿＿＿＿＿＿＿＿＿＿＿＿＿＿＿＿＿＿

部落格名稱 ＿＿＿＿＿＿＿＿＿＿＿＿＿＿＿＿＿＿＿＿＿＿＿＿＿＿＿＿

1 年齡
□ 18 歲以下　　□ 19 歲～ 25 歲　　□ 26 歲～ 35 歲　　□ 36 歲～ 45 歲　　□ 46 歲～ 55 歲
□ 56 歲～ 65 歲　　□ 66 歲～ 75 歲　　□ 76 歲～ 85 歲　　□ 86 歲以上

2 職業
□軍公教　□工　□商　□自由業　□服務業　□農林漁牧業　□家管　□學生
□其他 ＿＿＿＿＿＿＿＿＿＿＿＿＿＿＿＿＿

3 您從何處購得本書？
□博客來　□金石堂網書　□讀冊　□誠品網書　□其他 ＿＿＿＿＿＿＿＿＿＿
□實體書店 ＿＿＿＿＿＿＿＿＿＿＿＿＿＿＿＿＿＿＿＿＿＿＿＿＿＿＿＿＿

4 您從何處得知本書？
□博客來　□金石堂網書　□讀冊　□誠品網書　□其他 ＿＿＿＿＿＿＿＿＿＿
□實體書店 ＿＿＿＿＿＿＿＿＿＿ □ FB（四塊玉文創／橘子文化／食為天文創 三友圖書——微胖男女編輯社）
□好好刊（雙月刊）　□朋友推薦　□廣播媒體

5 您購買本書的因素有哪些？（可複選）
□作者　□內容　□圖片　□版面編排　□其他 ＿＿＿＿＿＿＿＿＿＿＿＿＿＿

6 您覺得本書的封面設計如何？
□非常滿意　□滿意　□普通　□很差　□其他 ＿＿＿＿＿＿＿＿＿＿＿＿＿＿

7 非常感謝您購買此書，您還對哪些主題有興趣？（可複選）
□中西食譜　　□點心烘焙　　□飲品類　　□旅遊　　□養生保健　　□瘦身美妝　　□手作　　□寵物
□商業理財　　□心靈療癒　　□小說　　□其他 ＿＿＿＿＿＿＿＿＿＿＿＿＿＿

8 您每個月的購書預算為多少金額？
□ 1,000 元以下　　□ 1,001 ～ 2,000 元　　□ 2,001 ～ 3,000 元　　□ 3,001 ～ 4,000 元
□ 4,001 ～ 5,000 元　　□ 5,001 元以上

9 若出版的書籍搭配贈品活動，您比較喜歡哪一類型的贈品？（可選 2 種）
□食品調味類　　□鍋具類　　□家電用品類　　□書籍類　　□生活用品類　　□ DIY 手作類
□交通票券類　　□展演活動票券類　　□其他 ＿＿＿＿＿＿＿＿＿＿＿＿＿＿

10 您認為本書尚需改進之處？以及對我們的意見？

＿＿＿＿＿＿＿＿＿＿＿＿＿＿＿＿＿＿＿＿＿＿＿＿＿＿＿＿＿＿＿＿＿＿＿＿＿

感謝您的填寫，
您寶貴的建議是我們進步的動力！